일상생활 중국어 회화

원종민 · 자오룬신(赵润馨) 지음

Language Publishing Co.

머리말

「일상생활 중국어회화」는 초급이나 중급 수준의 중국어 학습자를 대상으로 실제 생활 주변에서 많이 사용되고 있는 표현을 중심으로 구성하였다. 각각의 주제마다 짧은 네 마디의 대화로 구성되어 있어 HSK 3급과 4급 시험의 청취 대비 및 중국 회사에 취업을 희망하거나 중국으로 유학을 가고자 하는 중국어 학습자들에게도 큰 도움이 될 것이다.

이 교재는 실제 생활에서 발생할 수 있는 거의 모든 상황, 즉 학교생활, 상점, 식당, 공원, 교통, 병원, 오락 시설, 회사, 편의점, 은행, 커피숍, 미용실, 핸드폰매장 등 다양한 시츄에이션에서 활용될 수 있는 유용한 중국어를 익히도록 구성하였다. 또 하나의 주제 아래 4개의 시츄에이션을 제공함으로써 주제와 관련된 다양한 어휘와 표현을 학습할 수 있도록 하였다. 이 교재의 부분별 구성은 다음과 같다.

① 본문대화
일상생활 속에서 자주 사용하는 구어체로 대화문을 구성하여 자연스러운 표현을 익히도록 하였다.

② 단어학습
대화 속에 등장하는 주요 단어를 제시하여 단어를 익힐 수 있도록 하였다.

③ 확인학습
본문 대화의 내용을 익히고 난 후 본문의 내용과 가장 가까운 주제를 고를 수 있도록 문제를 구성하였다.

④ 핵심표현 익히기
매 주제 아래 놓인 대화문을 익히고 난 후 가장 핵심이 되는 표현을 중국어로 작문해 볼 수 있도록 하였다. 이 부분의 목적은 본문의 내용과 완전히 일치하지 않더라도 일상생활 속에서 툭 던지는 한마디의 말을 중국어로 익히기 위함이다.

모쪼록 이 한 권의 교재를 통하여 생활 중국어를 익히고자 하는 학습자, HSK 시험을 준비하는 학습자나 중국으로의 취업이나 유학을 희망하는 학습자들이 원하는 바의 목적을 성취할 수 있길 바란다.

本 书 说 明

《生活汉语》适用于初、中级汉语水平的学习者。通过本书的学习，可以掌握日常生活中高频使用的汉语句型。

本书在每节课都设有丰富多彩的主题，以及与各主题相关的四句常用表述。此外，本书还有助于考生提升HSK3级、4级的听力水平。同时，本书也适用于希望就职于中国公司或是有去中国留学计划的汉语学习者。

本书涵盖生活中的各种场景。通过学习学校生活、商店、饭店、公园、交通、医院、娱乐设施、公司、便利店、银行、咖啡厅、理发店、手机营业厅等多种生活场景中的汉语，让学生们更好地掌握相关用语。同时，每节课都会学到四个与相关主题有关的词汇和句型。通过学习，能让学习者加深对有关主题的理解。本书内容如下：

① 课文内容
会话自然是口语，所以重复。"口语"应该删掉

② 单词练习
展示课文中出现的单词，熟练掌握相关用语。

③ 确认练习
在学习课文中的对话内容之后，选择与课文主题最相近的练习题。

④ 强化重点句型
熟练掌握每周学过的课文内容后，对学过的重点句型进行写作练习。这部分的内容与课文内容与前文重复，应删掉！ 稍有不同，目的是为了让学生更好地活学活用。

目录 목차

PART 1

学校  학교

问候 인사

대화

文凯，不好意思，我迟到了。
Wénkǎi, bù hǎo yìsi, wǒ chídào le.

没关系，我也刚到。
Méi guānxi, wǒ yě gāng dào.

你知道今天在哪里上课吗？
Nǐ zhīdao jīntiān zài nǎ li shàngkè ma?

我知道。在第一教学楼302阶梯教室。
Wǒ zhīdao. Zài dì yī jiāoxuélóu sān líng èr jiētī jiāoshì.

太好了，我们快走吧。
Tài hǎo le, wǒmen kuài zǒu ba.

단어

问候	wènhòu	통 안부를 묻다
迟到	chídào	통 지각하다
刚	gāng	부 금방. 막. 바로
上课	shàngkè	통 수업하다
教学楼	jiàoxuélóu	명 강의실 건물
阶梯教室	jiētī jiàoshì	명 계단식 강의실

여 : 원카이, 미안해, 내가 좀 늦었어.
남 : 괜찮아, 나도 막 도착했어.
여 : 오늘 어디서 수업하는지 알아?
남 : 응 알아. 1번 건물 302호 계단식 강의실이야.
여 : 잘됐네. 우리 빨리 가자.

확인 학습

他们上课的教室在哪里?

❶ 203教室

❷ 302教学楼

❸ 302阶梯教室

핵심표현 익히기 중국어로 써 보세요.

❶ 좀 늦었어.

_____

❷ 막 도착했어.

_____

❸ 어디서 수업을 하는지 알아?

_____

❹ 302호 계단식 강의실이야.

_____

❺ 빨리 가자.

_____

📑 대화

 时间过得真快，今天的课都结束了。
Shíjiān guò de zhēn kuài, jīntiān de kè dōu jiéshù le.

 是啊。你现在要回宿舍吗？
Shì a.　　Nǐ xiànzài yào huí sùshè ma?

 不回宿舍，我一会儿要去参加社团活动。
Bù huí sùshè,　wǒ　yíhuìr　yào qù cānjiā shètuán huódòng.

 我要去图书馆还书，我们明天见。
Wǒ yào qù túshūguǎn huán shū, wǒmen míngtiān jiàn.

 好的，拜拜。
Hǎo de,　báibái.

📑 단어 -

下课	xiàkè	동 수업을 마치다
结束	jiéshù	동 끝나다. 마치다
宿舍	sùshè	명 기숙사
社团	shètuán	명 동아리
还	huán	동 반납하다
拜拜	báibái	동 bye-bye (헤어질 때 인사)

> 남 : 시간 엄청 빨리 갔네, 오늘 수업 다 끝났어.
> 여 : 그러네. 너 지금 기숙사 갈 거야?
> 남 : 기숙사에 안가, 난 조금 있다가 동아리 활동에 참여해야 해.
> 여 : 난 책 반납하러 도서관에 갈 거야, 우리 내일 보자.
> 남 : 그래, 안녕.

확인 학습

文凯要去哪儿?

❶ 他要回宿舍。

❷ 他要参加社团活动。

❸ 他要去图书馆还书。

핵심표현 익히기 중국어로 써 보세요.

❶ 시간 참 빨리 갔네.

_____

❷ 기숙사로 돌아갈 거야?

_____

❸ 동아리 활동에 참가해야 해.

_____

❹ 책 반납하러 도서관에 갈 거야.

_____

❺ 그래, 안녕.

확인학습 정답 : ②

_____

在食堂 식당에서

🎧 Track 03

 대화

饿死啦！ 我要多吃点儿饭。
Èsǐ la! Wǒ yào duō chī diǎnr fàn.

你打算吃什么？
Nǐ dǎsuan chī shénme?

我要一份糖醋排骨， 再要一份炒油菜。
Wǒ yào yí fèn tángcù páigǔ, zài yào yí fèn chǎo yóucài.

我最喜欢糖醋排骨了， 我也要一份。
Wǒ zuì xǐhuan tángcù páigǔ le, wǒ yě yào yí fèn.

好的， 那今天我请客吧。
Hǎo de, nà jīntiān wǒ qǐngkè ba.

 단어

食堂	shítáng	몡 식당
饿	è	톙 배고프다
打算	dǎsuan	동 ~할 생각이다 몡 생각. 계획
糖醋排骨	tángcùpáigǔ	몡 탕수 갈비
炒油菜	chǎo yóucài	몡 청경채 볶음
请客	qǐngkè	동 접대하다. 한 턱 내다

남 : 배고파 죽겠어! 나 밥 좀 많이 먹어야겠다.
여 : 너 뭐 먹을래?
남 : 나 탕수갈비 하나 하고, 또 청경채 볶음 먹을래.
여 : 나 탕수갈비 제일 좋아하는데, 나도 하나 시킬래.
남 : 그래, 그럼 오늘 내가 쏠게.

확인 학습

真煐想吃什么?

❶ 糖醋排骨

❷ 炒油菜

❸ 糖醋肉

핵심표현 익히기 중국어로 써 보세요.

❶ 배고파 죽겠어!

_____

❷ 너 뭐 먹을래?

_____

❸ 난 탕수갈비 먹을래.

_____

❹ 나도 하나 시킬래.

_____

❺ 오늘 내가 쏠게.

확인학습 정답 : ①

_____

PART 1-4 询问成绩 성적 묻기

🎧 Track 04

祝贺你，真煐。听说你这次英语考试是第一名。
Zhùhè nǐ, Zhēnyīng. Tīngshuō nǐ zhè cì Yīngyǔ kǎoshì shì dì yī míng.

谢谢啦。你的英语成绩也很棒呀！
Xièxie la. Nǐ de Yīngyǔ chéngjì yě hěn bàng ya!

哪里哪里，以后还要请你多多帮助。
Nǎ li nǎ li, yǐhòu háiyào qǐng nǐ duōduō bāngzhù.

你太谦虚了，相信你下一次也会考第一名。
Nǐ tài qiānxū le, xiāngxìn nǐ xià yí cì yě huì kǎo dì yī míng.

让我们一起加油吧！
Ràng wǒmen yìqǐ jiāyóu ba!

단어

询问   xúnwèn 동 묻다. 문의하다

祝贺   zhùhè   동 축하하다

成绩   chéngjì 명 성적

棒   bàng   형 (성적이)좋다

谦虚   qiānxū 형 겸손하다

让   ràng   동 ~하게 하다. ~하도록 시키다

남 : 진영아 축하해. 너 이번 영어 시험 1등 했다고 하더라.
여 : 고마워. 네 영어 성적도 아주 좋잖아!
남 : 아니야, 앞으로 네가 많이 좀 도와줘.
여 : 너 너무 겸손한데, 너도 다음에 1등 할거라고 믿어.
남 : 우리 같이 파이팅 하자!

谁的英语考试是第一名？

❶ 文凯

❷ 真焕

❸ 不知道

핵심표현 익히기 중국어로 써 보세요.

❶ 너 영어 시험 1등 했다고 하더라.

_____

❷ 네 성적도 좋잖아!

_____

❸ 앞으로 많이 도와줘.

_____

❹ 너무 겸손한데.

_____

❺ 우리 같이 파이팅 하자!

확인학습 정답 : ②

_____

PART 2

商场 백화점

一起去购物 함께 쇼핑가기

🎧 Track 05

🏴 **대화**

文凯，学校附近有没有百货公司？
Wénkǎi, xuéxiào fùjìn yǒu méi yǒu bǎihuò gōngsī?

从学校后门出去，左转就有一个。
Cóng xuéxiào hòumén chū qù, zuǒzhuǎn jiù yǒu yí ge.

你现在有空吗？
Nǐ xiànzài yǒukōng ma?

我现在没什么特别的事儿，需要陪你一起去吗？
Wǒ xiànzài méi shénme tèbié de shìr, xūyào péi nǐ yìqǐ qù ma?

太好了，我感激不尽呢。
Tài hǎo le, wǒ gǎnjībújìn ne.

📋 **단어**

购物	gòuwù	图 쇼핑하다
附近	fùjìn	图 부근. 근처
转	zhuǎn	图 (방향, 위치 등)돌다
有空	yǒukòng	틈이 나다
陪	péi	图 모시다. 동반하다
感激不尽	gǎnjībújìn	감격스럽기 그지없다

여 : 원카이, 학교 근처에 백화점 있어?

남 : 학교 후문으로 나가서 왼쪽으로 돌면 하나 있어.

여 : 너 지금 시간 있니?

남 : 나 지금 특별한 일은 없어. 내가 너랑 같이 가줄까?

여 : 잘됐다, 너무 감동이야.

18

확인 학습

他们要去哪里？

❶ 后门

❷ 宿舍

❸ 百货公司

핵심표현 익히기 중국어로 써 보세요.

❶ 근처에 백화점 있어?

_____

❷ 왼쪽으로 돌면 하나 있어.

_____

❸ 너 지금 시간 있니?

_____

❹ 지금 특별한 일은 없어.

_____

❺ 감동이야.

_____

확인학습 정답 : ③

대화

今天人可真多！
Jīntiān rén kě zhēn duō!

是啊。可能因为要换季了。
Shì a.　　Kěnéng yīnwèi yào huànjì le.

你想买什么样的衣服？
Nǐ xiǎng mǎi shénme yàng de yīfu?

我还没想好，想买一条适合我的连衣裙。
Wǒ hái méi xiǎnghǎo, xiǎng mǎi yì tiáo shìhé wǒ de liányīqún.

那我帮你挑一件吧。
Nà wǒ bāng nǐ tiāo yí jiàn ba.

단어

挑选	tiāoxuǎn	동	고르다. 선택하다
商品	shāngpǐn	명	상품
可	kě	부	강조를 나타내는 부사
换季	huànjì		계절이 바뀌다
样	yàng	명	스타일. 디자인
适合	shìhé	동	어울리다. 적합하다

남 : 오늘 사람 진짜 많다!
여 : 그러게. 아마 계절이 바뀌어서 그런 것 같아.
남 : 너 어떤 스타일의 옷을 사고 싶어?
여 : 아직 결정 못 했어. 나한테 어울리는 원피스 하나 사고 싶어.
남 : 그럼 내가 한 벌 골라줄게.

真熳想要买什么?

❶ 短裙

❷ 围裙

❸ 连衣裙

 중국어로 써 보세요.

❶ 오늘 사람 진짜 많다!

_____

❷ 계절이 바뀌어서 그런 것 같아.

_____

❸ 어떤 스타일의 옷을 사고 싶어?

_____

❹ 아직 결정 못했어.

_____

❺ 내가 한 벌 골라줄게.

확인학습 정답 : ③

_____

结账 계산

 대화

你好，结账。
Nǐ hǎo, jiézhàng.

只要这条牛仔裤吗？
Zhǐ yào zhè tiáo niúzǎikù ma?

是的。请问还有新的吗？
Shì de. Qǐng wèn hái yǒu xīn de ma?

不好意思，这条裤子最近在打折，没有库存了。
Bù hǎo yìsi, zhè tiáo kùzi zuìjìn zài dǎzhé, méi yǒu kùcún le.

好吧，我刷卡。
Hǎo ba, wǒ shuākǎ.

단어

结账	jiézhàng	동 계산하다
牛仔裤	niúzǎikù	명 청바지
打折	dǎzhé	동 할인하다. 디스카운트하다
库存	kùcún	명 재고품
刷卡	shuākǎ	동 카드로 결제하다

남 : 안녕하세요, 결제해 주세요.

여 : 청바지 한 벌만 필요하신가요?

남 : 네, 실례지만 새것도 있나요?

여 : 죄송합니다만, 이 바지는 지금 할인을 하고 있어서 재고가 없습니다.

남 : 알겠습니다. 카드로 결제해 주세요.

확인 학습

文凯要怎么结账？

❶ 用现金

❷ 用信用卡

❸ 转账

 **핵심표현 익히기** 중국어로 써 보세요.

❶ 결제할게요.

_____

❷ 청바지 한 벌만 필요하신가요?

_____

❸ 새 것도 있나요?

_____

❹ 이 바지는 지금 재고가 없습니다.

_____

❺ 카드로 결제하겠습니다.

확인학습 정답 : ②

_____

售后服务 AS

我在这儿买的手表，现在指针不动了。
Wǒ zài zhèr mǎi de shǒubiǎo,   xiànzài zhǐzhēn bú dòng le.

我马上帮您检查一下。（检查后）
Wǒ mǎshàng bāng nín jiǎnchá yí xià. (jiǎnchá hòu)

您好，您的手表电池没电了。
Nín hǎo,   nín de shǒubiǎo diànchí méi diàn le.

麻烦你，帮我换一块儿新电池吧。
Máfan nǐ,   bāng wǒ huàn yí kuàir xīn diànchí ba.

好的，请稍等。
Hǎo de,   qǐng shāo děng.

단어

售后	shòuhòu	명 판매 후. 애프터
服务	fúwù	명 서비스
手表	shǒubiǎo	명 손목 시계
指针	zhǐzhēn	명 (시계의)바늘
马上	mǎshàng	부 곧. 즉시. 바로
检查	jiǎnchá	동 점검하다. 검사하다
电池	diànchí	명 배터리

여 : 제가 여기에서 산 시계가 지금 바늘이 움직이지 않아요.
남 : 제가 바로 확인해 보겠습니다. (검사 후)
　　고객님, 시계 건전지의 수명이 다했습니다.
여 : 번거롭겠지만, 새로운 건전지로 교체해 주세요.
남 : 네, 잠시만 기다려주세요.

확인 학습

真焕的手表为什么不动了?

❶ 手表坏了

❷ 没电了

❸ 指针坏了

핵심표현 익히기 중국어로 써 보세요.

❶ 시계가 바늘이 움직이지 않아요.

_____

❷ 제가 바로 확인해 보겠습니다.

_____

❸ 시계 건전지의 수명이 다했습니다.

_____

❹ 새로운 건전지로 교체해 주세요.

_____

❺ 잠시만 기다려주세요.

확인학습 정답 : ②

_____

25

PART 3

饮食 음식점

PART 3-1 小吃 스낵

🎧 Track 09

대화

 哇！这里就是那条有名的美食街？
Wā!　Zhè li jiù shì nà tiáo yǒumíng de　měishíjiē?

 对！这里有各种小吃，你想吃什么？
Duì!　Zhè li yǒu gè zhǒng xiǎochī,　nǐ xiǎng chī shénme?

 我现在什么都想吃，你有推荐的吗？
Wǒ xiànzài shénme dōu xiǎng chī, nǐ yǒu tuījiàn de ma?

 你能吃辣的吗？这里的辣烤鸡翅特别有名。
Nǐ néng chī là de ma?　Zhè li　de là　kǎo jīchì　tèbié　yǒumíng.

 虽然我不能吃辣，但是我想挑战一下。
Suīrán wǒ bù néng chī là,　dànshì wǒ xiǎng tiǎozhàn yí xià.

단어

美食街 měishíjiē 명 먹자골목. 식당가

小吃 xiǎochī 명 스낵. 간식

推荐 tuījiàn 동 추천하다

鸡翅 jīchì 명 닭날개

挑战 tiǎozhàn 명 도전 동 도전하다

여 : 와! 여기가 바로 그 유명한 먹자골목이야?
남 : 응! 여기는 여러 먹거리가 있는데, 너 뭐고 싶어?
여 : 나 지금 다 먹고 싶어, 추천해 줄 만한 게 있어?
남 : 너 매운 거 먹을 수 있어? 여기 매운 닭 날개가 굉장히 유명해.
여 : 나 매운 거 못 먹는데, 한번 도전 해 볼게.

28

확인 학습

他们打算吃什么?

❶ 辣鸡腿

❷ 辣鸡爪

❸ 辣鸡翅

핵심표현 익히기 중국어로 써 보세요.

❶ 여기가 바로 그 유명한 먹자골목이다.

_____

❷ 뭐 먹고 싶어?

_____

❸ 추천해 줄 만한 게 있어?

_____

❹ 너 매운 거 먹을 수 있어?

_____

❺ 한번 도전해 볼게.

확인학습 정답 : ③

_____

中式快餐 중국식 패스트푸드

🎧 Track 10

대화

真煐，你喜欢吃中式快餐吗?
Zhēnyīng, nǐ xǐhuan chī zhōngshì kuàicān ma?

当然了。豆浆、油条、馄饨什么的，我都喜欢。
Dāngrán le.　Dòujiāng, Yóutiáo,　Húntun shénme de,　wǒ dōu xǐhuan.

那咱们来一碗豆腐脑儿和两个茶叶蛋，怎么样?
Nà zánmen lái yì wǎn　dòufunǎor　hé liǎng ge cháyèdàn,　zěnmeyàng?

我不想吃茶叶蛋，我要一碗豆腐脑儿和一个肉夹馍吧。
Wǒ bù xiǎng chī cháyèdàn, wǒ yào yì wǎn dòufunǎor hé yí ge　ròujiāmó　ba.

那我也再加一个肉夹馍。
Nà wǒ yě　zài jiā　yí　ge　ròujiāmó.

단어

中式	zhōngshì	형 중국풍의. 중국식의
快餐	kuàicān	명 패스트푸드
豆浆	dòujiāng	명 두유. 콩국
馄饨	húntun	명 훈툰. 완탕
豆腐脑儿	dòufunǎor	명 중국식 순두부
肉夹馍	ròujiāmó	명 중국식 샌드위치

남 : 진영아, 중국식 패스트푸드 좋아해?
여 : 그럼! 두유, 여우탸오, 완탕 같은 거. 나 다 좋아해.
남 : 그럼 우리 중국식 순두부 하나랑 찻잎 계란 두 개 어때?
여 : 난 찻잎 계란 먹고 싶지 않은데, 나는 중국식 순두부 하나
　　랑 중국식 샌드위치 하나 먹을래.
남 : 그럼 나도 중국식 샌드위치 하나 추가해야겠다.

확인 학습

真煐想要买什么?

❶ 一个茶叶蛋和一碗豆腐脑儿

❷ 两个茶叶蛋和一碗馄饨

❸ 一个肉夹馍和一碗豆腐脑儿

핵심표현 익히기 중국어로 써 보세요.

❶ 중국식 패스트푸드 좋아해?

_____

❷ 두유, 여우탸오, 완탕 같은 거 다 좋아해.

_____

❸ 중국식 순두부 하나랑 찻잎 계란 두 개 먹을까?

_____

❹ 난 중국식 샌드위치를 먹을래.

_____

❺ 나도 중국식 샌드위치 하나 추가해야겠다.

확인학습 정답 : ③

_____

PART 3-3 点饮料 음료 주문

대화

嗓子干死了，咱们去喝点儿饮料吧。
Sǎngzi gānsǐ le, zánmen qù hē diǎnr yǐnliào ba.

好啊，我想喝杯美式咖啡。
Hǎo a, wǒ xiǎng hē bēi měishì kāfēi.

我不喝咖啡，我喝珍珠奶茶。
Wǒ bù hē kāfēi, wǒ hē zhēnzhū nǎichá.

我发现中国人不是很喜欢喝咖啡，是吗？
Wǒ fāxiàn Zhōngguórén bú shì hěn xǐhuan hē kāfēi, shì ma?

中国人多，每个人喜好都不一样，有的人喜欢
Zhōngguórén duō, měi ge rén xǐhào dōu bù yíyàng, yǒu de rén xǐhuan

喝咖啡，有的人喜欢喝茶。
hē kāfēi, yǒu de rén xǐhuan hē chá.

단어

点	diǎn	동 주문하다
嗓子	sǎngzi	명 목
饮料	yǐnliào	명 음료
美式咖啡	měishì kāfēi	명 아메리카노 커피
珍珠奶茶	zhēnzhū nǎichá	명 버블티
喜好	xǐhào	명 애호. 취미. 성향 동 애호하다

남 : 목말라 죽겠네, 우리 음료수 마시러 가자.
여 : 좋아, 나 아메리카노 마실래.
남 : 나 커피 안 마셔, 버블티 마실래.
여 : 내가 보기엔 중국 사람들은 커피를 별로 좋아하지 않는 것 같아, 맞아?
남 : 중국인은 많기 때문에 사람마다 좋아하는 것이 다 달라. 어떤 사람은 커피를 좋아하고 어떤 사람은 차를 좋아해.

확인 학습

中国人不喜欢喝什么?

❶ 喝咖啡

❷ 喝茶

❸ 不知道

핵심표현 익히기 중국어로 써 보세요.

❶ 목말라 죽겠네.

_____

❷ 난 아메리카노 마실래.

_____

❸ 난 버블티 마실래.

_____

❹ 내가 보기엔 중국 사람들은 커피를 안 좋아해.

_____

❺ 중국인은 많기 때문에 사람 마다 좋아하는 것이 다 달라.

확인학습 정답 : ③

_____

33

营业时间 영업 시간

🎧 Track 12

대화

咦？ 今天星期几啊？ 这家店怎么没开门啊？
Yí? Jīntiān xīngqī jǐ a? Zhè jiā diàn zěnme méi kāimén a?

这家冷饮店，每个月最后一个星期一休息。
Zhè jiā lěngyǐn diàn, měi ge yuè zuìhòu yí ge xīngqīyī xiūxi.

我怎么一直都不知道，营业时间在哪里呀？
Wǒ zěnme yìzhí dōu bù zhīdao, yíngyè shíjiān zài nǎ li ya?

你看看，就在那个招牌上面。
Nǐ kànkan, jiù zài nà ge zhāopai shàngmiàn.

原来在这儿啊，我刚刚发现。
Yuánlái zài zhèr a, wǒ gānggāng fāxiàn.

단어

开门	kāimén	통 영업을 시작하다. 개점하다
冷饮	lěngyǐn	명 냉음료. 청량음료
营业	yíngyè	통 영업하다
时间	shíjiān	명 시간
招牌	zhāopai	명 간판
原来	yuánlái	부 알고 보니

여 : 어? 오늘 무슨 요일이지? 이 가게 왜 문을 안 열었지?
남 : 이 청량음료 가게는 매월 마지막 주 월요일에 쉬어.
여 : 나는 왜 지금까지 몰랐지, 영업시간은 어디에 쓰여 있어?
남 : 봐봐, 간판에 쓰여 있잖아.
여 : 여기 있었구나, 나 이제서야 발견했어.

확인 학습

冷饮店什么时候休息？

❶ 每个月第一个周一

❷ 每个月每星期周一

❸ 每个月最后一个周一

핵심표현 익히기 중국어로 써 보세요.

❶ 이 가게 왜 문을 안 열었지?

_____

❷ 이 가게는 매월 마지막 주 월요일에 쉬어.

_____

❸ 나는 왜 지금까지 몰랐지?

_____

❹ 간판에 쓰여 있잖아.

_____

❺ 난 이제서야 발견했어.

확인학습 정답 : ③

_____

PART 4

公园 공원

晨练 아침 운동

🎧 Track 13

🚩 **대화**

没想到一大早公园里就有这么多人在晨练。
Méi xiǎngdào yídàzǎo gōngyuán li jiù yǒu zhème duō rén zài chénliàn.

我好久都没晨练了，我要好好反省一下。
Wǒ hǎo jiǔ dōu méi chénliàn le, wǒ yào hǎohǎo fǎnxǐng yí xià.

文凯，你快看！那些阿姨们在练什么呀？
Wénkǎi, nǐ kuài kàn! Nà xiē āyímen zài liàn shénme ya?

阿姨们打的是太极拳，非常适合中老年养生。
Āyímen dǎ de shì tàijíquán, fēicháng shìhé zhōnglǎonián yǎngshēng.

看起来真有意思，我也想学习一下。
Kànqǐlái zhēn yǒu yìsi, wǒ yě xiǎng xuéxí yí xià.

🏷️ **단어**

晨练	chénliàn	명	아침 운동
反省	fǎnxǐng	동	반성하다
阿姨	āyí	명	아주머니. 중년 여성
太极拳	tàijíquán	명	태극권
养生	yǎngshēng	동	양생하다. 보양하다

여 : 생각지도 못했는데, 이렇게 많은 사람이 새벽부터 아침 운동을
   하고 있네.
남 : 나는 한동안 계속 아침 운동을 못 했는데 내가 반성 좀 해야겠다.
여 : 원카이 봐봐! 저 아줌마들이 지금 뭐 하고 있는 거야?
남 : 아주머니들이 연습하고 있는 건 태극권인데, 중노년층에게 아주
   좋은 운동이야.
여 : 정말 재미있어 보이는 걸, 나도 배워 보고 싶어.

확인 학습

阿姨们在做什么?

❶ 打太极拳

❷ 做太极拳

❸ 看太极拳

핵심표현 익히기 중국어로 써 보세요.

❶ 많은 사람들이 새벽부터 아침운동을 하고 있다.

_____

❷ 내가 반성 좀 해야겠다.

_____

❸ 아줌마들이 지금 뭐 하고 있는 거지?

_____

❹ 중노년층에게 아주 좋은 운동이야.

_____

❺ 나도 배워 보고 싶다.

확인학습 정답 : ①

_____

PART 4-2 休息 휴식

🟦 대화

咱们已经慢跑半个小时了，去休息一下吧！
Zánmen yǐjīng mànpǎo bàn ge xiǎoshí le, qù xiūxi yí xià ba!

好的，我的衣服也湿透了。
Hǎo de, wǒ de yīfu yě shītòu le.

公园的休息区有遮阳伞，咱们去坐会儿，喝个饮料吧。
Gōngyuán de xiūxiqū yǒu zhēyángsǎn, zánmen qù zuò huìr, hē ge yǐnliào ba.

这里的休闲椅还不错，坐上去挺舒服的。
Zhè li de xiūxiányǐ hái búcuò, zuòshàngqù tǐng shūfu de.

我也特别喜欢这里。
Wǒ yě tèbié xǐhuan zhè li.

🟦 단어

休息	xiūxi	명 휴식하다. 쉬다
慢跑	mànpǎo	명 조깅. 느린 구보
湿透	shītòu	흠뻑 젖다
遮阳伞	zhēyángsǎn	명 파라솔
休闲椅	xiūxiányǐ	명 레저 의자
挺	tǐng	부 제법. 상당히

> 남 : 우리 벌써 조깅한 지 30분이 되었네, 우리 좀 쉬자.
> 여 : 그래, 내 옷도 흠뻑 젖었어.
> 남 : 공원의 휴식 구역에 파라솔이 있어, 우리 가서 좀 앉아서 음료수 마시자.
> 여 : 여기 레저 의자가 괜찮네, 앉기 제법 편한데.
> 남 : 나도 여기 참 좋아해.

확인 학습

他们要在哪里休息？

❶ 公园餐饮区

❷ 公园休息区

❸ 公园禁烟区

핵심표현 익히기 중국어로 써 보세요.

❶ 벌써 조깅한 지 30분이 되었네.

_____

❷ 내 옷도 흠뻑 젖었어.

_____

❸ 공원의 휴식구역에 파라솔이 있어.

_____

❹ 여기 레저 의자가 괜찮네.

_____

❺ 나도 여기 참 좋아해.

_____

확인학습 정답 : ②

대화

我的饮料都喝完了，垃圾桶在哪儿？
Wǒ de yǐnliào dōu hēwán le, lājītǒng zài nǎr?

在那边儿，不过有两个，应该放在哪一个里面啊？
Zài nà biānr, búguò yǒu liǎng ge, yīnggāi fàngzài nǎ yí ge lǐmiàn a?

一个是不可回收，一个是可回收的，塑料瓶应该
Yí ge shì bù kě huíshōu, yí ge shì kě huíshōu de, sùliào píng yīnggāi

放在可回收里面。
fàngzài kě huíshōu lǐmiàn.

中间的那个是用来扔什么的呀？
Zhōngjiān de nà ge shì yòng lái rēng shénme de ya?

那是用来回收废电池的。
Nà shì yòng lái huíshōu fèi diànchí de.

단어

环境	huánjìng	몡 환경
保护	bǎohù	동 보호하다
垃圾桶	lājītǒng	몡 쓰레기통
回收	huíshōu	동 회수하다
塑料瓶	sùliàopíng	몡 페트병. 플라스틱병
扔	rēng	동 내버리다. 버리다
电池	diànchí	몡 건전지. 배터리

여 : 음료수 다 마셨는데 쓰레기통이 어디 있지?

남 : 거기 있긴 한데 두 개나 있어 어느 쪽에 넣어야 하는 거지?

여 : 하나는 일반 쓰레기 하나는 재활용 쓰레기인데 , 페트병은
    재활용 쓰레기에 넣어야 해.

남 : 가운데 저것은 뭘 버리는 거야?

여 : 그것은 폐건전지를 회수하는 거야.

 확인 학습

在中国废电池可以放在垃圾桶里吗？

❶ 可以

❷ 不可以

❸ 不知道

핵심표현 익히기 중국어로 써 보세요.

❶ 쓰레기통이 어디 있지?

_____

❷ 어느 쪽에 넣어야 하는 거지?

_____

❸ 페트병은 재활용 쓰레기통에 넣어야 돼.

_____

❹ 가운데 저것은 뭘 버리는 거야?

_____

❺ 그것은 폐건전지를 회수하는 거야.

확인학습 정답 : ①

_____

警示牌 경고판

🎧 Track 16

 刚才我就一直好奇，草坪上的牌子是什么呀？
Gāngcái wǒ jiù yìzhí hàoqí, cǎopíng shang de páizi shì shénme ya?

 这些牌子是警示牌，是提醒人们要保护花草。
Zhè xiē páizi shì jǐngshìpái, shì tíxǐng rénmen yào bǎohù huācǎo.

 原来是这个意思啊！
Yuánlái shì zhè ge yìsi a!

 你仔细看看，这上面的话，特别有意思。
Nǐ zǐxì kànkan, zhè shàngmiàn de huà, tèbié yǒu yìsi.

 在警示牌上也能学到汉语呢。
Zài jǐngshìpái shang yě néng xuédào Hànyǔ ne.

好奇	hàoqí	통 호기심을 갖다
草坪	cǎopíng	명 잔디밭
警示牌	jǐngshìpái	명 (경고)안내판
提醒	tíxǐng	통 경고하다. 주의를 환기시키다
保护	bǎohù	통 보호하다

여 : 아까부터 궁금했는데, 잔디 위에 있는 안내판은 뭐지?

남 : 이 안내판들은 다 경고 안내판이야, 사람들이 화초를 보호해야 한다는 걸 주의 시키는 거야.

여 : 원래 이런 뜻이었구나!

남 : 자세히 봐봐, 안내판 위에 있는 말이 아주 재미있어.

여 : 안내판에서도 중국어를 공부할 수 있네.

확인 학습

草坪上的警示牌是做什么的？

❶ 提醒人们进入草坪

❷ 提醒人们学习汉语

❸ 提醒人们保护花草

핵심표현 익히기 중국어로 써 보세요.

❶ 잔디 위에 있는 안내판은 뭐지?

_____

❷ 이 안내판들은 다 경고 안내판이야.

_____

❸ 원래 이런 뜻이었구나!

_____

❹ 자세히 봐봐.

_____

❺ 안내판에서도 중국어를 공부할 수 있네.

_____

확인학습 정답 : ③

PART 5

长途汽车 시외버스

购买车票 차표 구입

🎧 Track 17

대화

幸亏我们今天来得早，买票的人并不多。
Xìngkuī wǒmen jīntiān lái de zǎo,　mǎi piào de rén bìng bù duō.

是啊，我们运气真不错。
Shì a,　wǒmen yùnqi zhēn búcuò.

那咱们快去买票吧，尽量买早一点儿出发的。
Nà zánmen kuài qù mǎi piào ba,　jǐnliàng mǎi zǎo yìdiǎnr　chūfā　de.

3号售票口人少，咱们去那里排队吧。
Sān hào shòupiàokǒu rén shǎo, zánmen qù nà li páiduì ba.

好，咱们快走吧。
Hǎo,　zánmen kuài zǒu ba.

단어

购买	gòumǎi	통 구매하다
车票	chēpiào	명 승차권. 차표
幸亏	xìngkuī	부 다행히
运气	yùnqi	명 운. 운수
尽量	jǐnliàng	부 되도록. 최대 한도로
售票口	shòupiàokǒu	명 매표 창구. 매표소
排队	páiduì	통 줄을 서다

여 : 우리 오늘 일찍 오길 잘했네. 티켓 사는 사람들이 많지 않아.

남 : 그러게. 우리 운이 정말 좋다.

여 : 그럼 우리 빨리 표 사러 가야지. 될 수 있으면 좀 일찍 출발
　　하는 거로 사자.

남 : 3번 매표창구에 사람이 적네. 우리 저쪽으로 가서 줄 서자.

여 : 그래. 우리 빨리 가자.

확인 학습

他们打算去几号售票口？

❶ 1号

❷ 2号

❸ 3号

🖊 핵심표현 익히기 중국어로 써 보세요.

❶ 우리 오늘 일찍 오길 잘했네.

_____

❷ 우리 운이 정말 좋다.

_____

❸ 될 수 있으면 좀 일찍 출발하는 거로 사자.

_____

❹ 우리 저쪽으로 가서 줄 서자.

_____

❺ 우리 빨리 가자.

확인학습 정답 : ③

找候车厅 대합실 찾기

🎧 Track 18

대화

再过一会儿车就来了，咱们去候车厅等着吧。
Zài guò yíhuìr chē jiù lái le, zánmen qù hòuchētīng děngzhe ba.

咱们是几号候车厅啊？文凯，你帮我拿一下背包。
Zánmen shì jǐ hào hòuchētīng a? Wénkǎi, nǐ bāng wǒ ná yí xià bèibāo.

给我吧。咱们是6号候车厅，前面左拐就是。
Gěi wǒ ba. Zánmen shì liù hào hòuchētīng, qiánmiàn zuǒ guǎi jiù shì.

哎呀，我的车票找不到了！
Āi yā, wǒ de chēpiào zhǎo bu dào le!

你怎么这么粗心，你的车票在我手里呢。
Nǐ zěnme zhème cūxīn, nǐ de chēpiào zài wǒ shǒu li ne.

단어

找	zhǎo	동 찾다
候车厅	hòuchē tīng	명 대합실
背包	bèibāo	명 배낭
左拐	zuǒguǎi	왼쪽으로 돌다. 좌회전하다
车票	chēpiào	명 차표
粗心	cūxīn	형 덜렁대다. 세심하지 못하다

남 : 좀 있다가 버스가 올 거야. 우리 대합실 가서 기다리자.

여 : 우리 몇 번 대합실 이었지? 원카이, 내 배낭 좀 들어줘.

남 : 나한테 줘. 우리 6번 대합실인데 저기 앞쪽에서 왼쪽으로 돌면 바로 있어.

여 : 어머, 내 티켓이 없어졌어!

남 : 너 왜 그렇게 덜렁거리니, 네 티켓 내가 가지고 있잖아.

확인 학습

真焕的车票在哪里?

❶ 背包里

❷ 文凯手里

❸ 不知道

핵심표현 익히기 중국어로 써 보세요.

❶ 우리 대합실 가서 기다리자.

_____

❷ 내 배낭 좀 들어줘.

_____

❸ 대합실은 저 앞쪽에서 왼쪽으로 돌면 바로 있어.

_____

❹ 내 티켓이 없어졌어!

_____

❺ 네 티켓 내가 가지고 있잖아.

_____

中途下车 중도 하차

🎧 Track 19

대화

我肚子有点儿不舒服，想去一下厕所。
Wǒ dùzi yǒu diǎnr bù shūfu, xiǎng qù yí xià cèsuǒ.

还要过一会儿才能到休息站呢。
Hái yào guò yíhuìr cái néng dào xiūxizhàn ne.

那我再忍一下吧。
Nà wǒ zài rěn yí xià ba.

如果你忍不住，你就跟司机说一声。
Rúguǒ nǐ rěn bu zhù, nǐ jiù gēn sījī shuō yì shēng.

好的。
Hǎo de.

단어

中途	zhōngtú	몡 중도, 도중
下车	xià chē	동 하차하다
舒服	shūfu	혱 편안하다
厕所	cèsuǒ	몡 화장실
休息站	xiūxizhàn	몡 휴게소
忍	rěn	동 참다
司机	sījī	몡 기사, 운전기사

남 : 나 뱃속이 좀 안 좋네, 화장실 좀 가고 싶어.
여 : 조금만 더 있으면 휴게소에 도착할 거야.
남 : 그럼 내가 좀 더 참아 볼게.
여 : 만약 못 참겠으면 기사님께 말해 봐.
남 : 알겠어.

확인 학습

文凯为什么想中途下车?

❶ 胃不舒服

❷ 头不舒服

❸ 肚子不舒服

핵심표현 익히기 중국어로 써 보세요.

❶ 나 뱃속이 좀 안 좋네.

_____

❷ 화장실 좀 가고 싶어.

_____

❸ 조금만 더 있으면 휴게소에 도착할 거야.

_____

❹ 내가 좀 더 참아 볼게.

_____

❺ 만약 못 참겠으면 기사님께 말해 봐.

확인학습 정답 : ③

_____

대화

🧑 我错过了要坐的车，怎么办呀?
Wǒ cuòguò le yào zuò de chē,　zěnme bàn ya?

🧑 你先别着急，虽然车已经出发了，但是可以退票。
Nǐ xiān bié zháojí,　suīrán chē yǐjīng chūfā le,　dànshì kěyǐ tuìpiào.

🧑 那我先去退票，你等我一下。
Nà wǒ xiān qù tuìpiào,　nǐ děng wǒ yí xià.

🧑 我听说退票需要手续费，你提前准备好。
Wǒ tīngshuō tuìpiào xūyào shǒuxùfèi,　nǐ tíqián zhǔnbèihǎo.

🧑 放心吧，我拿着钱包呢。
Fàngxīn ba,　wǒ názhe qiánbāo ne.

단어

错过	cuòguò	동 (기회 등을)놓치다
着急	zháojí	동 조급해하다
退票	tuìpiào	동 표를 환불하다
手续费	shǒuxùfèi	명 수속료. 수수료
提前	tíqián	동 (예정된 시간 기한 등을)미리 앞당기다

여 : 내가 타야 할 기차를 놓쳤어, 어쩌지?

남 : 일단 조급해하지 마, 기차는 이미 출발했지만, 표는 환불할 수 있어.

여 : 그럼 내가 표를 먼저 환불하고 올게, 좀 기다려줘.

남 : 표를 환불할 때 수수료가 필요하대, 미리 준비해둬.

여 : 걱정 마, 내가 지갑 갖고 있어.

54

 확인 학습

退票的时候需要什么?

❶ 需要身份证

❷ 需要手机号码

❸ 需要手续费

핵심표현 익히기 중국어로 써 보세요.

❶ 내가 타야 할 기차를 놓쳤어.

_____

❷ 기차는 이미 출발했지만 표는 환불할 수 있어.

_____

❸ 내가 표를 환불 하고 올게.

_____

❹ 표를 환불할 때 수수료가 필요해.

_____

❺ 내가 지갑 갖고 있어.

확인학습 정답 : ③

_____

PART 6

医院 병원

1. 诉说痛症 통증 설명
2. 挂号 병원 접수
3. 咨询 의사 상담
4. 取药 약품 수령

PART 6-1 诉说痛症 통증 설명

🎧 Track 21

대화

昨天晚上我没睡好，落枕了。
Zuótiān wǎnshang wǒ méi shuìhǎo, làozhěn le.

难怪上课的时候你一直歪着头。
Nánguài shàngkè de shíhou nǐ yìzhí wāizhe tóu.

我没觉得这么严重，但是一天都没好，难受死了。
Wǒ méi juéde zhème yánzhòng, dànshì yìtiān dōu méi hǎo, nánshòu sǐ le.

快去医院看看吧，一直这样挺着可不行。
Kuài qù yīyuàn kànkan ba, yìzhí zhèyàng tǐngzhe kě bù xíng.

是啊，我一会儿下了课就去医院。
Shì a, wǒ yíhuìr xià le kè jiù qù yīyuàn.

단어

诉说	sùshuō	동 하소연하다. 설명하다
痛症	tòngzhèng	명 통증
落枕	làozhěn	베개를 잘못 베다
难怪	nánguài	부 어쩐지
歪	wāi	형 비뚤다. 기울다
难受	nánshòu	형 괴롭다. 불편하다
挺	tǐng	동 억지로 버티다. 견디다

여 : 어제저녁에 베개를 잘못 베서 잠을 못 잤어.
남 : 어쩐지 수업 시간에 네가 계속 고개를 한쪽으로 기울이고 있더라니.
여 : 이렇게 심해질 줄 몰랐는데, 하루 종일 좋아지지도 않고 괴로워 죽겠어.
남 : 빨리 병원에 가봐, 계속 이렇게 버티면 안 되는데.
여 : 그러니까, 이따가 수업 끝나고 바로 가야겠다.

58

확인 학습

上课的时候真焕为什么一直歪着头？

❶ 头疼

❷ 头晕

❸ 落枕

핵심표현 익히기 중국어로 써 보세요.

❶ 베개를 잘못 베서 잠을 못잤어.

_____

❷ 어쩐지 수업 시간에 네가 계속 고개를 기울이고 있더라니.

_____

❸ 하루 종일 좋아지지도 않고 괴로워 죽겠어.

_____

❹ 계속 이렇게 버티면 안 되는데.

_____

❺ 이따가 수업 끝나고 바로 가야겠다.

_____

확인학습 정답 : ③

挂号 병원 접수

대화

你好！我挂号！我落枕了，应该挂哪个科？
Nǐ hǎo!　Wǒ guàhào!　Wǒ làozhěn le,　yīnggāi guà nǎ ge kē?

挂外科就行，你有医保卡吗？你要挂中医还是西医？
Guà wàikē jiù xíng,　nǐ yǒu yībǎokǎ ma?　Nǐ yào guà zhōngyī háishì xīyī?

留学生也有医保卡吗？
Liúxuéshēng yě yǒu yībǎokǎ ma?

你有申请过保险吗？如果没有申请的话，就没有。
Nǐ yǒu shēnqǐngguò bǎoxiǎn ma? Rúguǒ méi yǒu shēnqǐng de huà, jiù méi yǒu.

我没有申请过，请给我挂中医。
Wǒ méi yǒu shēnqǐngguò, qǐng gěi wǒ guà zhōngyī.

단어

挂号	guàhào	동 (병원에)접수하다
医保卡	yībǎokǎ	명 의료 보험 카드
留学生	liúxuéshēng	명 유학생
申请	shēnqǐng	동 신청하다
保险	bǎoxiǎn	명 보험

여 : 안녕하세요. 제가 접수를 하려고 하는데요. 베개를 잘 못 베서 목이 뻐근한데, 어느 과를 접수해야 하나요?

남 : 외과에 접수하면 됩니다. 의료 보험 카드가 있습니까? 한의와 양의 중 어느 걸로 접수해드릴까요?

여 : 유학생도 의료 보험 카드가 있나요?

남 : 보험을 신청한 적이 있나요? 만약 신청하지 않으셨다면 없습니다.

여 : 신청한 적이 없는데요. 한의로 접수해주세요.

60

확인 학습

真焕有医保卡吗?

❶ 有

❷ 没有

❸ 不知道

핵심표현 익히기 중국어로 써 보세요.

❶ 베개를 잘 못 베서 목이 뻐근한데, 어느 과를 접수해야 되나요?

_____

❷ 의료 보험 카드가 있습니까?

_____

❸ 한의와 양의 중 어느 걸로 접수해드릴까요?

_____

❹ 의료 보험을 신청한 적이 있나요?

_____

❺ 신청한 적이 없어요.

_____

대화

请问，你哪里不舒服？
Qǐng wèn, nǐ nǎ li bù shūfu?

我好像是落枕了，脖子一转就疼。
Wǒ hǎoxiàng shì làozhěn le, bózi yì zhuǎn jiù téng.

让我来看一下，估计是睡眠时姿势不对的原因。
Ràng wǒ lái kàn yí xià, gūjì shì shuìmián shí zīshì bú duì de yuányīn.

那我需要做手术吗？
Nà wǒ xūyào zuò shǒushù ma?

没有这么严重，做一下针灸就可以了。
Méi yǒu zhème yánzhòng, zuò yí xià zhēnjiǔ jiù kěyǐ le.

 단어

咨询	zīxún	동 자문하다. 상담받다
脖子	bózi	명 목
睡眠	shuìmián	명 수면 동 수면하다
姿势	zīshì	명 자세
手术	shǒushù	명 수술 동 수술하다
针灸	zhēnjiǔ	명 침구. 침질과 뜸질

남 : 어디가 불편하신가요?

여 : 베개를 잘못 벤 것 같아요, 목을 돌리면 바로 아파요.

남 : 제가 한번 볼게요. 잠을 잘 때, 자세가 좋지않아 그런 것 같습니다.

여 : 그럼 수술받아야 돼 나요?

남 : 그렇게 심각하지 않아요, 침을 좀 맞으면 됩니다.

확인 학습

真焕的落枕怎么样才会好？

❶ 吃药

❷ 做手术

❸ 做针灸

 핵심표현 익히기 중국어로 써 보세요.

❶ 어디가 불편하신가요?

_____

❷ 목을 돌리면 바로 아파요.

_____

❸ 자세가 좋지 않아 그런 것 같습니다.

_____

❹ 그럼 수술 받아야 되나요?

_____

❺ 침을 좀 맞으면 됩니다.

_____

取药 약품 수령

🎧 Track 24

> 대화

文凯，你知道这个医院的取药窗口在哪儿呀？
Wénkǎi, nǐ zhīdao zhè ge yīyuàn de qǔyào chuāngkǒu zài nǎr ya?

我找一下，好像在一楼。医生还给你开药了？
Wǒ zhǎo yí xià, hǎoxiàng zài yì lóu. Yīshēng hái gěi nǐ kāi yào le?

我让医生给开了西药，因为中药熬煮起来太麻烦。
Wǒ ràng yīshēng gěi kāi le xīyào, yīnwèi zhōngyào áozhǔqǐlái tài máfan.

现在中药也有成品包装的。
Xiànzài zhōngyào yě yǒu chéngpǐn bāozhuāng de.

原来是这样啊，算了，这次先吃西药吧。
Yuánlái shì zhèyàng a, suàn le, zhè cì xiān chī xīyào ba.

> 단어

取药	qǔ yào	약을 받다
开药	kāi yào	약을 처방하다
熬煮	áozhǔ	동 (한약을) 달이다
成品	chéngpǐn	명 완성품. 완제품
算了	suàn le	됐다. 따지지 않다

여 : 원카이, 이 병원의 약 받는 곳이 어디 있는지 알아?

남 : 내가 찾아봤는데 1층에 있는 것 같아. 의사가 약 처방 해줬어?

여 : 내가 의사한테 한약 달이기가 너무 귀찮아서 양약으로 처방
해달라고 했어.

남 : 요즘 한약도 완제품으로 포장이 되어 있어.

여 : 그렇구나, 됐어. 이번엔 양약 먼저 먹지 뭐.

확인 학습

真焕为什么不喜欢中药?

① 味道太苦了

② 药效不好

③ 熬煮太麻烦了

 중국어로 써 보세요.

① 약 받는 곳이 어디 있는지 알아?

_____

② 의사가 약 처방 해줬어?

_____

③ 한약 달이기가 너무 귀찮아서 양약으로 처방해달라고 했어.

_____

④ 한약도 완제품으로 포장이 되어 있어.

_____

⑤ 이번엔 양약 먼저 먹지 뭐.

확인학습 정답 : ③

_____

PART 7

游乐场 놀이공원

대화

 文凯，你去过上海迪士尼乐园吗？
Wén kǎi, nǐ qùguò Shànghǎi Díshìní lèyuán ma?

 我没去过，这个周末咱们一起去一次怎么样？
Wǒ méi qùguò, zhè ge zhōumò zánmen yìqǐ qù yí cì zěnmeyàng?

 我也是这么想的！但是听说周末的门票很紧张，
Wǒ yě shì zhème xiǎng de! Dànshì tīngshuō zhōumò de ménpiào hěn jǐnzhāng,

不知道能不能买到。
bù zhīdao néng bu néng mǎidào.

 这个交给我吧，我在网上通过旅行社订票，物美价廉。
Zhè ge jiāogěi wǒ ba, wǒ zài wǎng shang tōngguò lǚxíngshè dìng piào, wùměijiàlián.

 太好了，门票钱你先垫付一下，我改天用支付宝转给你。
Tài hǎo le, ménpiào qián nǐ xiān diànfù yí xià, wǒ gǎitiān yòng Zhīfùbǎo zhuǎngěi nǐ.

 단어

商量	shāngliáng	동 상의하다. 의논하다
行程	xíngchéng	명 여정
迪士尼	Díshìní	디즈니. Disney
周末	zhōumò	명 주말
紧张	jǐnzhāng	형 (물품이) 빠듯하다. 부족하다
物美价廉	wùměijiàlián	상품의 질이 좋고 값도 저렴하다
垫付	diànfù	동 잠시 돈을 대신 내다

여 : 원카이, 너 상해 디즈니랜드 가봤어?

남 : 안 가봤어, 우리 이번 주말에 한 번 가보는 게 어때?

여 : 완전 맘에 들어! 근데 주말 입장권 구하기 엄청 치열하대.

남 : 그건 나한테 맡겨, 내가 인터넷 여행사를 통해 예약하면 가격이 굉장히 합리적이야.

여 : 잘됐다, 입장료는 너가 먼저 내줘, 내가 나중에 알리페이로 송금해줄게.

확인 학습

文凯决定去哪儿买门票?

❶ 去迪士尼乐园买

❷ 去网上买

❸ 还没决定

핵심표현 익히기 중국어로 써 보세요.

❶ 상해 디즈니랜드 가봤어?

_____

❷ 우리 이번 주말에 한 번 가보는 게 어때?

_____

❸ 주말에 입장권 구하기 엄청 치열하대.

_____

❹ 그건 나한테 맡겨.

_____

❺ 내가 나중에 알리페이로 송금해줄게.

_____

확인학습 정답 : ②

69

대화

 哇，迪士尼乐园太大了。游乐设施也这么多，
Wā, Díshìní lèyuán tài dà le. Yóulè shèshī yě zhème duō,
我都不知道该先玩儿哪一个了。
wǒ dōu bù zhīdao gāi xiān wánr nǎ yí ge le.

 你喜欢惊险刺激的？还是极速降落的？
Nǐ xǐhuan jīngxiǎn cìjī de? Háishì jísù jiàngluò de?

 这两个我都不太喜欢，有没有体验活动啊？
Zhè liǎng ge wǒ dōu bú tài xǐhuan, yǒu méi yǒu tǐyàn huódòng a?

 体验活动多没劲！来到这里就要玩儿点儿刺激的！
Tǐyàn huódòng duō méijìn! Lái dào zhè li jiù yào wánr diǎnr cìjī de!

 那我陪你玩儿一个刺激的，你陪我玩儿一个体验的。
Nà wǒ péi nǐ wánr yí ge cìjī de, nǐ péi wǒ wánr yí ge tǐyàn de.

단어

游乐	yóulè	동 행락하다
项目	xiàngmù	명 항목
设施	shèshī	명 시설
惊险	jīngxiǎn	형 아슬아슬하다. 스릴이 있다
刺激	cìjī	명 스릴. 자극. 충격
体验	tǐyàn	명 체험 동 체험하다
没劲	méijìn	형 시시하다. 재미없다
陪	péi	동 동반하다

여 : 와! 디즈니랜드 정말 크다. 놀이기구도 이렇게나 많고, 나 어
느 걸 먼저 타야 할지 모르겠어.
남 : 너 스릴 있는걸 좋아해? 아니면, 급강하하는 걸 좋아해?
여 : 둘 다 별로 안 좋아해, 체험활동은 없나?
남 : 체험활동이 얼마나 재미없는데! 여기까지 왔으면 좀 자극적
인 걸 타고 놀아야지.
여 : 그럼 내가 너랑 스릴 있는 걸 즐길 테니, 너는 나하고 체험
할 수 있는 걸 하자.

확인 학습

真煐喜欢哪种娱乐设施？

❶ 刺激的

❷ 急速的

❸ 体验的

핵심표현 익히기 중국어로 써 보세요.

❶ 어느 걸 먼저 타야 할지 모르겠어.

_____

❷ 너 스릴 있는 걸 좋아해?

_____

❸ 체험활동은 없나?

_____

❹ 여기까지 왔으면 좀 자극적인 걸 타고 놀아야지.

_____

❺ 너는 나하고 체험할 수 있는 걸 하자.

확인학습 정답 : ③

_____

娱乐演出 오락 공연

🎧 Track 27

文凯，你快走啊，夜光幻影秀就要开始了。
Wénkǎi, nǐ kuài zǒu a, yèguāng huànyǐngxiù jiù yào kāishǐ le.

来得及，还有半个小时才开始呢。
Lái de jí, hái yǒu bàn ge xiǎoshí cái kāishǐ ne.

这个秀一天只有这一场，机不可失，时不再来。
Zhè ge xiù yì tiān zhǐ yǒu zhè yì chǎng, jī bù kě shī, shí bú zài lái.

我刚才看了一下介绍，这个秀是将烟火，激光，
Wǒ gāngcái kàn le yí xià jièshào, zhè ge xiù shì jiāng yānhuǒ, jīguāng,

灯光，喷水，音乐的效果结合起来，真不错。
dēngguāng, pēnshuǐ, yīnyuè de xiàoguǒ jiéhéqǐlái, zhēn búcuò.

好了，你别分析了，咱们快走吧！
Hǎo le, nǐ bié fēnxī le, zánmen kuài zǒu ba!

娱乐	yúlè	명	오락
演出	yǎnchū	명	공연
幻影	huànyǐng	명	환영. 환상
来得及	lái de jí		늦지 않다
激光	jīguāng	명	레이저
效果	xiàoguǒ	명	효과
分析	fēnxī	동	분석하다

여 : 원카이 빨리 가자, 달빛환영 쇼가 곧 시작하려고 해.
남 : 늦지 않아, 아직 30분이나 더 있어야 시작해.
여 : 이 쇼는 하루에 한 번밖에 없어. 좋은 기회를 놓치면, 그 기회
는 다시 오지 않아.
남 : 내가 방금 소개를 좀 봤는데, 이 쇼는 불꽃놀이, 레이저, 조
명, 분수, 음악의 효과가 조화를 이룬대, 정말 괜찮다.
여 : 알겠어. 너 분석 그만하고, 우리 빨리 가자!

확인 학습

夜光幻影秀不包括什么？

❶ 激光

❷ 烟火

❸ 舞台

핵심표현 익히기 중국어로 써 보세요.

❶ 빨리 가자, 공연 곧 시작하려고 해.

_____

❷ 아직 30분이나 더 있어야 시작해.

_____

❸ 좋은 기회를 놓치면, 그 기회는 다시 오지 않아.

_____

❹ 이 쇼는 정말 괜찮다.

_____

❺ 너 분석 그만하고 우리 빨리 가자!

_____

확인학습 정답 : ③

PART 7-4

📢 **대화**

今天玩儿得真过瘾，还照了好多照片。
Jīntiān wánr de zhēn guòyǐn, hái zhào le hǎo duō zhàopiàn.

迪士尼的卡通明星们都说汉语了，你也要加油啦！
Díshìní de kǎtōng míngxīngmen dōu shuō Hànyǔ le, nǐ yě yào jiāyóu la!

你就别拿我开玩笑了，我要去买个米奇老鼠的玩具。
Nǐ jiù bié ná wǒ kāi wánxiào le, wǒ yào qù mǎi ge Mǐqí lǎoshǔ de wánjù.

好的，我陪你去。我也打算买个迪士尼的挂件。
Hǎo de, wǒ péi nǐ qù. Wǒ yě dǎsuan mǎi ge Díshìní de guàjiàn.

纪念品商店就在那边，我们走吧！
Jìniànpǐn shāngdiàn jiù zài nà biān, wǒmen zǒu ba!

📢 **단어**

买	mǎi	图 사다. 구매하다
纪念品	jìniànpǐn	图 기념품
过瘾	guòyǐn	图 신나다. 만족하다
卡通	kǎtōng	图 만화. 카툰
米奇	Mǐqí	고 미키
挂件	guàjiàn	图 장신구. 장식품
商店	shāngdiàn	图 상점. 판매점

여 : 오늘 너무 재밌게 놀았어, 사진도 많이 찍었네.

남 : 디즈니 캐릭터 스타들이 모두 중국어를 할 줄 알아. 너도 열심히 해야겠다!

여 : 너 나 놀리지 마, 난 미키마우스 장난감 사러 갈 거야.

남 : 그래, 내가 같이 가줄게, 나도 디즈니 액세서리 장식품 살 계획이야.

여 : 기념품 가게는 바로 저쪽에 있어, 가자!

확인 학습

文凯想买什么?

① 米奇老鼠

② 迪士尼书包

③ 迪士尼挂件

핵심표현 익히기 중국어로 써 보세요.

① 오늘 너무 재밌게 놀았네.

_____

② 디즈니 캐릭터 스타들이 모두 중국어를 할 줄 알아.

_____

③ 너 나 놀리지 마.

_____

④ 나도 디즈니 액세서리 살 계획이야.

_____

⑤ 기념품 가게는 바로 저쪽에 있어, 가자!

확인학습 정답 : ③

_____

PART 8

公司 회사

1. 打招呼 인사
2. 准备会议 회의 준비
3. 加班 연장 근무
4. 发工资 월급 수령

打招呼 인사

🎧 Track 29

대화

真煐，早上好！来得好早啊？ 今天有任务吗？
Zhēnyīng, zǎoshang hǎo! Lái de hǎo zǎo a?　Jīntiān yǒu rènwu ma?

没有任务，今天坐了朋友的顺风车.
Méi yǒu rènwu,　jīntiān zuò le péngyou de shùnfēngchē.

我今天也开发了一条新路，一点儿都不堵车。
Wǒ jīntiān yě kāifā　le　yì tiáo xīn lù,　yì　diǎnr dōu bù dǔchē.

咱俩今天运气都不错，你吃早饭了吗？ 我买了
Zán liǎ jīntiān yùnqi dōu búcuò,　nǐ chī zǎofàn le ma?　Wǒ mǎi le
早点，一起吃吧。
zǎodiǎn,　yìqǐ　chī ba.

那我就不客气了，我正好饿了。
Nà wǒ jiù bú kèqi　le,　wǒ zhènghǎo è le.

단어

打招呼	dǎzhāohu	통 인사하다
任务	rènwu	명 임무. 책무
顺风车	shùnfēngchē	명 카풀
开发	kāifā	통 개척하다
堵车	dǔchē	통 차가 밀리다. 길이 막히다
不客气	bú kèqi	사양하지 않다

남 : 진영아 좋은 아침이야! 일찍 왔네? 오늘 중요한 일 있어?
여 : 별일 없는데 오늘 친구 차(카풀) 타고 왔어.
남 : 나도 오늘 새로운 길을 개척해서 하나도 안 막혔어.
여 : 오늘 우리 둘 다 운이 좋네, 너 아침밥 먹었어? 내가 아침
　　사 왔으니까 같이 먹자.
남 : 그럼 사양하지 않을게, 나 마침 배고팠거든.

확인 학습

文凯为什么早到公司了？

❶ 有任务

❷ 开发了新路

❸ 搭了朋友的顺风车

핵심표현 익히기 중국어로 써 보세요.

❶ 오늘 중요한 일 있어?

_____

❷ 오늘 친구 차(카풀) 타고 왔어.

_____

❸ 나도 오늘 하나도 안 막혔어.

_____

❹ 오늘 우리 둘 다 운이 좋네.

_____

❺ 사양하지 않을게, 나 마침 배고팠거든.

확인학습 정답 : ②

_____

79

准备会议 회의 준비

🎧 Track 30

대화

🧑 真煐，还有十五分钟就要开会了，准备都结束了吗？
Zhēnyīng, hái yǒu shí wǔ fēnzhōng jiù yào kāihuì le, zhǔnbèi dōu jiéshù le ma?

👩 都准备好了，会议名牌、材料和热茶水都好了。
Dōu zhǔnbèihǎo le, huìyì míngpái, cáiliào hé rè cháshuǐ dōu hǎo le.

🧑 名牌的位置再确认一下吧，以防万一。
Míngpái de wèizhì zài quèrèn yí xià ba, yǐfángwànyī.

👩 对啊，不怕一万，就怕万一，我再确认一下。
Duì a, bú pà yíwàn, jiù pà wànyī, wǒ zài quèrèn yí xià.

🧑 我也帮你一起，这样可以节省时间。
Wǒ yě bāng nǐ yìqǐ, zhèyàng kěyǐ jiéshěng shíjiān.

단어

准备	zhǔnbèi	통 준비하다
会议	huìyì	명 회의
结束	jiéshù	통 끝나다. 마치다
名牌	míngpái	명 명패. 명찰
以防万一	yǐfángwànyī	만일 경우를 대비하다
确认	quèrèn	통 확인하다
节省	jiéshěng	통 절약하다

남 : 진영아, 15분 뒤에 회의가 시작될 거야, 준비가 다 됐어?
여 : 준비 다 됐어, 회의 명찰, 자료, 그리고 따뜻한 차 모두 준비했어.
남 : 만일의 경우를 대비해 다시 한번 명찰의 위치를 확인해봐.
여 : 맞아, 무슨 일을 하든 간에 반드시 신중하게 대처해야 해.
다시 한번 확인해 볼게.
남 : 나도 도와줄게, 이렇게 하면 시간을 절약할 수 있으니까.

확인 학습

真焕的没准备的物品是哪一个?

❶ 热茶水

❷ 会议名牌

❸ 会议桌椅

핵심표현 익히기 중국어로 써 보세요.

❶ 15분 뒤에 회의가 시작될 거야.

_____

❷ 회의 명찰, 자료 모두 다 준비했어.

_____

❸ 만일의 경우를 대비해 다시 한번 명찰의 위치를 확인해봐.

_____

❹ 무슨 일을 하든 간에 반드시 신중하게 대처해야 해.

_____

❺ 이렇게 하면 시간을 절약할 수 있으니까.

확인학습 정답 : ③

_____

81

加班 연장 근무

대화

文凯，你脸色怎么这么难看？ 发生什么事情了？
Wén kǎi, nǐ liǎnsè zěnme zhème nánkàn? Fāshēng shénme shìqing le?

我昨天一直加班到11点，今天7点又到公司，接着工作。
Wǒ zuótiān yìzhí jiābāndào shí yī diǎn, jīntiān qī diǎn yòu dào gōngsī, jiēzhe gōngzuò.

难怪黑眼圈这么严重，有什么需要帮忙的吗？
Nánguài hēiyǎnquān zhème yánzhòng, yǒu shénme xūyào bāngmáng de ma?

有你这句话，我已经很感动了，我自己可以搞定。
Yǒu nǐ zhè jù huà, wǒ yǐjīng hěn gǎndòng le, wǒ zìjǐ kěyǐ gǎodìng.

你也别太累了，我给你冲杯咖啡。
Nǐ yě bié tài lèi le, wǒ gěi nǐ chōng bēi kāfēi.

단어

脸色	liǎnsè	명 안색. 표정
加班	jiābān	동 초과 근무하다
黑眼圈	hēiyǎnquān	명 다크서클
搞定	gǎodìng	동 처리하다. 해결하다. 해내다
冲	chōng	동 (끓는 물 등을)붓다

여 : 원카이, 너 안색이 왜 이렇게 안 좋아? 무슨 일 있어?

남 : 나 어제 11시까지 야근하고, 오늘 또 7시에 회사 와서 계속
일하고 있어.

여 : 어쩐지 다크서클이 심하더라, 뭐 좀 도와줄까?

남 : 네 말을 듣고, 난 이미 감동받았어. 나 혼자서 할 수 있어.

여 : 너무 무리하지 마, 내가 커피 한잔 타줄게.

확인 학습

文凯为什么脸色不好?

❶ 想喝咖啡

❷ 真烦不帮忙

❸ 因为加班

핵심표현 익히기 중국어로 써 보세요.

❶ 너 안색이 왜 이렇게 안 좋아?

_____

❷ 나 어제 11시까지 야근했어.

_____

❸ 어쩐지 다크서클이 심하더라.

_____

❹ 난 이미 감동받았어.

_____

❺ 너무 무리하지 마.

_____

확인학습 정답 : ③

发工资 월급 수령

🎧 Track 32

 대화

文凯，你拿到工资单了吗?
Wénkǎi, nǐ nádào gōngzīdān le ma?

已经到发工资的日子了? 太好了，我现在马上去找会计。
Yǐjīng dào fā gōngzī de rìzi le? Tài hǎo le, wǒ xiànzài mǎshàng qù zhǎo kuàijì.

我这个月涨工资了，一会儿下班后，请你吃饭。
Wǒ zhè ge yuè zhǎng gōngzī le, yíhuìr xiàbān hòu, qǐng nǐ chī fàn.

咱俩是一起进公司的，我也会涨吧?
Zán liǎ shì yìqǐ jìn gōngsī de, wǒ yě huì zhǎng ba?

应该会吧? 你快去看看吧！如果你也涨了，
Yīnggāi huì ba? Nǐ kuài qù kànkan ba! Rúguǒ nǐ yě zhǎng le,

今天就去吃大餐。
jīntiān jiù qù chī dàcān.

단어

发	fā	통 교부하다. (노임을)내주다
工资	gōngzī	명 월급. 임금
日子	rìzi	명 날. 시일. 날짜
会计	kuàijì	명 회계. 회계원 통 회계하다
涨	zhǎng	통 (수위나 물가 등이) 오르다
大餐	dàcān	명 성찬. 코스 요리

> 여 : 원카이, 너 급여명세서 받았어?
>
> 남 : 벌써 월급날이 됐어? 잘됐다! 나 지금 바로 회계를 찾아가야겠다.
>
> 여 : 나 이번 달 월급이 올랐어, 좀 있다가 퇴근 후에 내가 한턱 낼게.
>
> 남 : 우리 둘이 같이 회사에 들어왔으니 나도 올랐겠지?
>
> 여 : 당연히 그러겠지? 너 빨리 가서 확인해봐! 만약 너도 올랐
>
> 으면, 오늘 거하게 한 번 먹으러 가자.

확인 학습

文凯涨工资了吗?

❶ 涨了

❷ 没涨

❸ 不知道

핵심표현 익히기 중국어로 써 보세요.

❶ 너 급여명세서 받았어?

_____

❷ 난 지금 바로 회계를 찾아 가야겠다.

_____

❸ 나 이번 달 월급이 올랐어.

_____

❹ 퇴근 후에 내가 한 턱 낼게.

_____

❺ 만약 너도 올랐으면, 오늘 거하게 한번 먹으러 가자.

_____

확인학습 정답 : ③

PART 9

便利店 편의점

去便利店 편의점 가기

🎧 Track 33

📑 대화

真煐，你看到了吗？我们公司对面新开了一家
Zhēnyīng, nǐ kàndào le ma?　Wǒmen gōngsī duìmiàn xīn kāi le yì jiā
24小时的便利店。
èrshí sì xiǎoshí de biànlìdiàn.

是吗？我没注意。不过有了这个便利店咱们
Shì ma?　Wǒ méi zhùyì.　Búguò yǒu le zhè ge biànlìdiàn zánmen
加班时就不怕饿肚子了。
jiābān shí jiù bú pà è dùzi le.

嗯。今天这个便利店，第一天开业，咱们一会儿
Èng.　Jīntiān zhè ge biànlìdiàn,　dì yī tiān kāiyè,　zánmen yíhuìr
去看看？
qù kànkan?

好啊，我正好也想买点儿零食。
Hǎo a,　wǒ zhènghǎo yě xiǎng mǎi diǎnr língshí.

那一会儿午休的时候，我联系你。
Nà yíhuìr wǔxiū de shíhou,　wǒ liánxì nǐ.

✂️ 단어

去	qù	통 가다
便利店	biànlìdiàn	명 편의점
饿肚子	èdùzi	배를 곯다. 굶다
开业	kāiyè	통 개업하다
零食	língshí	명 간식. 군것질
联系	liánxì	통 연락하다

남 : 진영아 봤어? 우리 회사 맞은편에 24시 편의점이 하나 오픈했던데.
여 : 그래? 난 못 봤는데. 근데 편의점이 있으면 우리 야근할 때 굶을 일은 없겠다.
남 : 응. 오늘 편의점 처음 개업하는 날인데 우리 가서 좀 볼까?
여 : 좋아, 나도 마침 간식 좀 사려고 했어.
남 : 그럼 이따가 점심 휴식 시간에 내가 연락할게.

확인 학습

他们打算什么时候去便利店?

❶ 早上

❷ 中午

❸ 晚上

핵심표현 익히기 중국어로 써 보세요.

❶ 회사 맞은편에 24시 편의점이 하나 오픈 했던데.

_____

❷ 편의점이 있으면 우리 야근할 때 굶을 일은 없겠다.

_____

❸ 오늘 편의점 첫 개업하는 날인데 우리 가서 좀 볼까?

_____

❹ 나도 마침 간식 좀 사려고 했어.

_____

❺ 점심 휴식 시간에 내가 연락할게.

_____

挑选商品 상품 선택

 대화

 真煐，这儿有你喜欢的薯片。
Zhēnyīng, zhèr yǒu nǐ xǐhuan de shǔpiàn.

 怎么都是洋葱味儿的？我想要原味儿的。
Zěnme dōu shì yángcōng wèir de? Wǒ xiǎng yào yuánwèir de.

 我要买几个碗面准备着，下次加班就不怕了。
Wǒ yào mǎi jǐ ge wǎnmiàn zhǔnbèizhe, xiàcì jiābān jiù bú pà le.

 碗面没营养，你不如买包饼干准备着。
Wǎnmiàn méi yíngyǎng, nǐ bùrú mǎi bāo bǐnggān zhǔnbèizhe.

 买饼干还要再准备饮料，太麻烦了，不如吃
Mǎi bǐnggān hái yào zài zhǔnbèi yǐnliào, tài máfan le, bùrú chī
碗面方便。
wǎnmiàn fāngbiàn.

🔖 단어

挑选	tiāoxuǎn	통 고르다. 선택하다
商品	shāngpǐn	명 상품
薯片	shǔpiàn	명 감자칩. 포테이토칩
洋葱	yángcōng	명 양파
碗面	wǎnmiàn	명 컵라면
不如	bùrú	~하는 편이 낫다
饼干	bǐnggān	명 비스킷. 쿠키(=曲奇 qūqí)

남 : 진영아, 여기 네가 좋아하는 포테이토 칩이 있어.

여 : 왜 다 양파 맛이야? 나 오리지널 맛 사고 싶은데.

남 : 나는 컵라면 몇 개 사서 준비해 두면, 다음번 야근할 때 걱정 안 해도 되겠다.

여 : 컵라면은 영양가가 없잖아. 차라리 비스킷을 사서 준비해 두는 것이 낫겠다.

남 : 비스킷을 사면 음료수도 따로 준비해야 하는데 너무 귀찮아. 차라리 컵라면을 먹는 게 편해.

확인 학습

文凯打算买什么?

❶ 薯片

❷ 饼干

❸ 碗面

핵심표현 익히기 중국어로 써 보세요.

❶ 여기 네가 좋아하는 포테이토칩이 있어.

_____

❷ 난 오리지널 맛 사고 싶어.

_____

❸ 나는 컵 라면 몇 개 사서 준비해 둬야겠어.

_____

❹ 차라리 비스킷을 사서 준비해 두는 것이 낫겠어.

_____

❺ 비스킷을 사면 음료수도 따로 준비해야 되는데 너무 귀찮아.

확인학습 정답 : ③

_____

91

대화

👩 连续开了两个会，说得嗓子都冒烟了，咱们去
Liánxù kāi le liǎng ge huì, shuō de sǎngzi dōu màoyān le, zánmen qù

买饮料喝吧。
mǎi yǐnliào hē ba.

👨 我也是，快走吧！
Wǒ yě shì, kuài zǒu ba!

👩 哇，今天这个冰红茶有促销活动，买一送一。
Wā, jīntiān zhè ge bīng hóngchá yǒu cùxiāo huódòng, mǎi yī sòng yī.

👨 这个茉莉花茶也是，还有这个珍珠奶茶也搞活动。
Zhè ge mòlìhuā chá yě shì, hái yǒu zhè ge zhēnzhū nǎichá yě gǎo huódòng.

👩 我不喜欢喝太甜的，太腻了，咱们还是喝茉莉花
Wǒ bù xǐhuan hē tài tián de, tài nì le, zánmen háishì hē mòlìhuā

茶吧！
chá ba!

단어

活动	huódòng	명	행사
连续	liánxù	명	연속하다. 계속하다
冒烟	màoyān	형	(목이)칼칼하다
促销	cùxiāo	동	판촉하다
茉莉花	mòlìhuā	명	재스민
腻	nì	동	물리다. 질리다

여 : 연속해서 두 차례 회의했더니 목이 다 칼칼하네, 우리 음료
수 마시러 가자.

남 : 나도 그래, 빨리 가자!

여 : 와, 오늘 이 아이스티 1+1 판촉 행사가 있네.

남 : 이 재스민차랑 버블티노 행사하고 있네.

여 : 나 너무 단 거는 안 좋아해, 너무 질려, 우리 그냥 재스민차 마시자!

확인 학습

他们最后决定喝什么?

① 冰红茶

② 珍珠奶茶

③ 茉莉花茶

핵심표현 익히기 중국어로 써 보세요.

① 연속해서 두 차례 회의를 했더니 목이 다 칼칼하네.

_____

② 이 아이스 티 1+1 판촉 행사가 있네.

_____

③ 재스민차도 있어.

_____

④ 버블티도 행사하고 있네.

_____

⑤ 나 너무 단 거 안 좋아해, 너무 질려.

확인학습 정답 : ③

_____

结账 계산

🎧 Track 36

你好，请问还需要别的吗？
Nǐ hǎo, qǐng wèn hái xūyào bié de ma?

再给我一个口香糖和两块儿5号电池。
Zài gěi wǒ yí ge kǒuxiāngtáng hé liǎng kuàir wǔ hào diànchí.

总共12块6毛。有积分卡吗？需要袋子吗？
Zǒnggòng shí èr kuài liù máo. Yǒu jīfēnkǎ ma? Xūyào dàizi ma?

没有积分卡，不需要袋子。我没有零钱，只有100块。
Méi yǒu jīfēnkǎ, bù xūyào dàizi. Wǒ méi yǒu língqián, zhǐ yǒu yì bǎi kuài.

没关系。我能找开。
Méi guān xi. Wǒ néng zhǎokāi.

结账	jiézhàng	동 계산하다
口香糖	kǒuxiāngtáng	명 껌
电池	diànchí	명 건전지. 배터리
积分卡	jīfēnkǎ	명 적립카드. 포인트카드
袋子	dàizi	명 봉지. 비닐 봉투
零钱	língqián	명 잔돈

여 : 안녕하세요, 더 필요한 것 있으세요?

남 : 껌 한 통과 5호짜리 건전지 두 개도 주세요.

여 : 전부 12.6위안입니다. 적립카드가 있나요? 봉투 필요하세요?

남 : 적립카드가 없어요. 봉투 필요 없고요. 지금 잔돈이 없고, 100위안만 있어요.

여 : 괜찮아요. 제가 거슬러 드릴 수 있어요.

확인 학습

收银员说没有什么没关系?

❶ 积分卡

❷ 零钱

❸ 袋子

 중국어로 써 보세요.

❶ 더 필요한 것 있으세요?

_____

❷ 껌 한 통과 5호 짜리 건전지 두 개도 주세요.

_____

❸ 적립카드가 있나요?

_____

❹ 지금 잔돈이 없고, 100위안만 있어요.

_____

❺ 제가 거슬러 드릴 수 있어요.

확인학습 정답 : ②

_____

PART 10

银行 은행

取款 현금인출

🎧 Track 37

대화

今天应该交会费，我却忘记带现金了！
Jīntiān yīnggāi jiāo huìfèi, wǒ què wàngjì dài xiànjīn le!

你不说，我也忘了。咱们去银行取钱吧！
Nǐ bù shuō, wǒ yě wàng le. Zánmen qù yínháng qǔqián ba!

这附近有工商银行吗？
Zhè fùjìn yǒu Gōngshāng yínháng ma?

我也不太清楚，不过公司一楼有一个建设银行
Wǒ yě bú tài qīngchǔ, búguò gōngsī yī lóu yǒu yí ge Jiànshè yínháng de
的自动取款机。
zìdòng qǔkuǎnjī.

虽然跨行需要手续费，但是也没办法，咱们去吧！
Suīrán kuàháng xūyào shǒuxùfèi, dànshì yě méi bànfǎ, zánmen qù ba!

단어

会费	huìfèi	명	회비
取钱	qǔqián	동	출금하다. 돈을 인출하다
附近	fùjìn	명	부근. 근처
取款机	qǔkuǎnjī	명	현금 인출기. ATM기
跨行	kuàháng	동	(은행 간)타은행의 업무를 처리하다

남 : 오늘 회비를 내야 하는데, 현금 가져오는 걸 깜박했어.
여 : 네가 말 안 했으면 나도 깜박했을 거야. 우리 은행 가서 돈
　　을 뽑자.
남 : 이 근처에 공상은행이 있어?
여 : 나도 잘 모르겠어. 그런데 회사 1층에 건설은행 자동 인출기
　　가 하나 있어.
남 : 다른 은행을 이용하면 수수료를 내야 하지만 어쩔 수 없지
　　뭐, 우리 가자!

확인 학습

公司一楼的取款机是哪个银行的？

❶ 中国银行

❷ 建设银行

❸ 工商银行

핵심표현 익히기 중국어로 써 보세요.

❶ 오늘 회비를 내야 하는데, 현금 가져오는 걸 깜박했어.

_____

❷ 네가 말 안 했으면 나도 깜박했을 거야.

_____

❸ 우리 은행에 가서 돈을 뽑자.

_____

❹ 회사 1층에 자동 인출기가 하나 있어.

_____

❺ 다른 은행을 이용하면 수수료를 내야 하지만 어쩔 수 없지 뭐.

확인학습 정답 : ②

_____

取款机 ATM기

🎧 Track 38

 대화

奇怪，取款机应该在这儿啊?
Qíguài, qǔkuǎnjī yīnggāi zài zhèr a?

在这儿呢，估计是你记错了地方了。
Zài zhèr ne, gūjì shì nǐ jì cuò le dìfang le.

我取款密码是多少来着?
Wǒ qǔkuǎn mìmǎ shì duōshao láizhe?

如果密码输入错3次，就会被吞卡的。
Rúguǒ mìmǎ shūrùcuò sān cì, jiù huì bèi tūn kǎ de.

等一下，让我再仔细想想。
Děng yí xià, ràng wǒ zài zǐxì xiǎng xiang.

🏷 단어

取款机 qǔkuǎnjī 명 ATM기. 현금지급기

奇怪 qíguài 형 이상하다

估计 gūjì 동 추측하다. 짐작하다

密码 mìmǎ 명 암호. 비밀 번호

吞 tūn 동 삼키다

仔细 zǐxì 형 세심하다. 꼼꼼하다

남 : 이상하다, 인출기가 여기 있어야 하는데?

여 : 여기 있잖아, 아마도 네가 장소를 잘못 기억한 것 같아.

남 : 내 비밀번호가 뭐였더라?

여 : 만약 비밀번호 입력이 3회 틀리면, 기계가 카드를 삼키게 돼.

남 : 잠깐만, 내가 곰곰이 생각해볼게.

확인 학습

密码输错3次，卡会怎么样?

① 被拿走

② 被报废

③ 被吞掉

핵심표현 익히기   중국어로 써 보세요.

① 인출기가 여기 있어야 하는데.

_____

② 아마도 네가 잘못 기억한 것 같아.

_____

③ 내 비밀번호가 뭐였지?

_____

④ 만약 비밀번호 입력이 3번 틀리면, 기계가 카드를 삼키게 돼.

_____

⑤ 내가 곰곰이 생각해볼게.

_____

확인학습 정답 : ③

101

吞卡 카드 삼킴 발생

怎么办？我的银行卡被吞掉了。
Zěnme bàn? Wǒ de yínhángkǎ bèi tūndiào le.

赶紧给银行打电话吧！
Gǎnjǐn gěi yínháng dǎ diànhuà ba!

对，对。工商银行客服热线是多少号啊？
Duì, duì. Gōngshāng yínháng kèfú rèxiàn shì duōshao hào a?

是95588，打这个号码不用加区号。
Shì jiǔ wǔ wǔ bā bā, dǎ zhè ge hàomǎ bú yòng jiā qūhào.

你可真厉害，这个也能记住！
Nǐ kě zhēn lìhai, zhè ge yě néng jìzhù!

 단어

吞卡	tūnkǎ	통 카드를 삼키다
赶紧	gǎnjǐn	부 서둘러. 재빨리. 얼른
客服	kèfú	명 고객 서비스
热线	rèxiàn	명 직통 전화
区号	qūhào	명 지역 번호
厉害	lìhai	형 대단하다. 굉장하다

여 : 어떡하지? 기계가 내 카드를 삼켜버렸어.

남 : 빨리 은행으로 전화해봐!

여 : 아 맞다. 공상은행 고객센터 번호가 몇 번이야?

남 : 95588인데, 이 번호로 전화 걸 때 지역 번호는 없어도 돼.

여 : 너 정말 대단하다, 이것도 기억하고 있네!

확인 학습

工商银行客服热线是多少号？

❶ 95888

❷ 95558

❸ 95588

 중국어로 써 보세요.

❶ 기계가 내 카드를 삼켜버렸어.

_____

❷ 빨리 은행으로 전화해봐!

_____

❸ 은행 고객센터 번호가 몇 번이야?

_____

❹ 이 번호로 전화 걸 때 지역 번호는 없어도 돼.

_____

❺ 이것도 기억하고 있네!

_____

확인학습 정답 : ③

대화

文凯，你现在有时间吗？陪我去一趟银行吧！
Wénkǎi, nǐ xiànzài yǒu shíjiān ma? Péi wǒ qù yí tàng yínháng ba!

好，那咱们现在就去吧！
Hǎo, nà zánmen xiànzài jiù qù ba!

我抽号一看，前面有12个人在等待！
Wǒ chōu hào yí kàn, qiánmiàn yǒu shí èr ge rén zài děngdài!

现在有3个窗口在办理业务，估计很快就能到
Xiànzài yǒu sān ge chuāngkǒu zài bànlǐ yèwù, gūjì hěn kuài jiù néng dào
我们了！
wǒmen le!

等着叫号的时间是最无聊的！
Děngzhe jiào hào de shíjiān shì zuì wúliáo de!

단어

营业厅	yíngyètīng	몡 영업점
趟	tàng	양 차례. 번(왕래한 횟수를 세는 단위)
抽号	chōuhào	번호표를 뽑다
窗口	chuāngkǒu	몡 (매표소, 접수대의) 창구
办理	bànlǐ	동 처리하다. 해결하다
无聊	wúliáo	형 지루하다. 심심하다

여 : 원카이, 너 지금 시간 좀 있어? 나랑 은행 좀 다녀오자!

남 : 그래, 그럼 지금 바로 가자!

여 : 내가 번호표를 뽑아보니, 앞에 12명이 대기하고 있어!

남 : 지금 세 개의 창구에서 동시에 업무를 처리하고 있으니까, 금방 우리 차례가 될 거야!

여 : 번호 부르는 시간까지 기다리는 게 제일 지겨워!

 확인 학습

真煐前面有几个人在等待？

❶ 11

❷ 12

❸ 13

 중국어로 써 보세요.

❶ 나랑 은행 좀 다녀오자!

_____

❷ 그래 지금 바로 가자!

_____

❸ 내가 번호표를 뽑아보니, 앞에 12명이 대기하고 있어!

_____

❹ 금방 우리 차례가 될 거야!

_____

❺ 번호 부르는 시간까지 기다리는 게 제일 지겨워!

_____

확인학습 정답 : ②

105

PART 11

咖啡店 커피숍

挑选咖啡店 커피숍 선택

🎧 Track 41

 대화

真煐，我们公司旁边开了一家咖啡店。
Zhēn yīng, wǒmen gōngsī pángbiān kāi le yì jiā kāfēidiàn.

是有名的咖啡店吗？
Shì yǒumíng de kāfēidiàn ma?

是一家 "咖啡陪你" 的连锁店。
Shì yì jiā "Kāfēi péi nǐ" de liánsuǒdiàn.

说起咖啡，还是星巴克的最好喝。
Shuōqǐ kāfēi, háishì Xīngbākè de zuì hǎo hē.

其实中国本土的咖啡店也有很不错的。
Qíshí Zhōngguó běntǔ de kāfēidiàn yě yǒu hěn búcuò de.

 단어

挑选	tiāoxuǎn	동 고르다. 선택하다
咖啡店	kāfēidiàn	명 커피숍
有名	yǒumíng	형 유명하다
连锁店	liánsuǒdiàn	명 체인점
说起	shuōqǐ	~로 말하자면. ~라니 말인데
本土	běntǔ	명 본토

남 : 진영아, 우리 회사 옆에 커피숍 하나가 오픈했어.
여 : 유명한 커피숍이야?
남 : 카페베네의 체인점이야.
여 : 커피라면 아무래도 스타벅스가 제일 맛있어.
남 : 사실 중국 본토 커피숍도 괜찮은 곳이 많아.

확인 학습

真焕觉得哪里的咖啡最好喝?

① 咖啡陪你

② 星巴克

③ 中国本土

핵심표현 익히기   중국어로 써 보세요.

① 우리 회사 옆에 새로운 커피숍 하나가 오픈 했어.

_____

② 유명한 커피숍이야?

_____

③ 카페베네의 체인점이야.

_____

④ 커피라면 아무래도 스타벅스가 제일 맛있어.

_____

⑤ 중국 본토 커피숍도 괜찮은 곳이 많아.

확인학습 정답 : ②

_____

PART 11-2

挑选咖啡 커피 선택

🎧 Track 42

대화

这家咖啡店环境还不错。
Zhè jiā kāfēidiàn huánjìng hái búcuò.

是啊, 不过环境好还不够, 咖啡的味道才是最关键的。
Shì a, búguò huánjìng hǎo hái bú gòu, kāfēi de wèidào cái shì zuì guānjiàn de.

我早上喝过美式咖啡, 现在我要一杯冰拿铁。
Wǒ zǎoshang hēguò měishì kāfēi, xiànzài wǒ yào yì bēi bīng nátiě.

我又想喝焦糖玛奇朵, 又想喝摩卡, 哪种都不想放弃。
Wǒ yòu xiǎng hē jiāotáng mǎqíduǒ, yòu xiǎng hē mókǎ, nǎ zhǒng dōu bù xiǎng fàngqì.

别贪心, 就只能选一杯, 快决定吧。
Bié tānxīn, jiù zhǐ néng xuǎn yì bēi, kuài juédìng ba.

단어

挑选	tiāoxuǎn	동 고르다. 선택하다
咖啡	kāfēi	명 커피
环境	huánjìng	명 환경
关键	guānjiàn	형 매우 중요한. 결정적인 작용을 하는
拿铁	nátiě	명 라떼
放弃	fàngqì	동 버리다. 포기하다
贪心	tānxīn	형 욕심스럽다. 탐욕스럽다

남 : 이 커피숍 분위기 참 괜찮네.

여 : 그러네. 근데 분위기 좋은 것만으로는 부족해. 커피 맛이 가장 관건이야.

남 : 나 아침에 아메리카노를 마셨는데, 지금은 아이스라테 한 잔 마실래.

여 : 나는 캐러멜 마키아토도 마시고 싶고, 카페 모카도 마시고 싶어. 어떤 것도 포기하고 싶지 않아.

남 : 욕심부리지 말고 한 잔만 선택해. 얼른 결정해봐.

확인 학습

文凯决定喝哪种咖啡了?

❶ 美式咖啡

❷ 冰摩卡

❸ 冰拿铁

핵심표현 익히기 중국어로 써 보세요.

❶ 이 커피숍 분위기 참 괜찮네.

_____

❷ 분위기 좋은 것만으로는 부족해, 커피 맛이 가장 관건이야.

_____

❸ 나는 카라멜마끼아또도 마시고 싶고, 카페모카도 마시고 싶어.

_____

❹ 어떤 것도 포기하고 싶지 않아.

_____

❺ 욕심 부리지 말고 한 잔만 선택해.

_____

확인학습 정답 : ③

111

대화

 除了咖啡，咱们再点块儿蛋糕吧？
Chú le kāfēi, zánmen zài diǎn kuàir dàngāo ba?

 可以，不过我今天消化不好，不能吃太腻的。
Kěyǐ, búguò wǒ jīntiān xiāohuà bù hǎo, bù néng chī tài nì de.

 那你来选吧，我随便吃哪种都可以。
Nà nǐ lái xuǎn ba, wǒ suíbiàn chī nǎ zhǒng dōu kěyǐ.

 我觉得芝士蛋糕、提拉米苏蛋糕和草莓酸奶蛋糕都行。
Wǒ jué de zhīshì dàngāo, tílāmǐsū dàngāo hé cǎoméi suānnǎi dàngāo dōu xíng.

 那咱们就来一块儿草莓酸奶的吧。
Nà zánmen jiù lái yí kuàir cǎoméi suānnǎi de ba.

✂ 단어

选择　xuǎnzé　퉁 선택하다

蛋糕　dàngāo　몡 케이크

消化　xiāohuà　퉁 소화하다

随便　suíbiàn　뷔 마음대로. 좋을대로

芝士　zhīshì　몡 치즈

酸奶　suānnǎi　몡 요구르트

여 : 커피에다가 우리 케이크도 한 조각 주문할까?

남 : 그래, 그런데 난 오늘 소화가 잘 안 돼서 너무 느끼한 거 먹을 수가 없어.

여 : 그럼 네가 골라봐, 난 아무거나 먹어도 다 좋아.

남 : 나는 치즈케이크, 티라미수, 딸기 요구르트 케이크 다 괜찮아.

여 : 그럼 우리 딸기 요구르트 케이크로 하자.

확인 학습

他们最后决定吃哪一种蛋糕?

❶ 芝士蛋糕

❷ 巧克力蛋糕

❸ 草莓酸奶蛋糕

핵심표현 익히기 중국어로 써 보세요.

❶ 커피에다가 케이크도 한 조각 주문할까?

_____

❷ 난 오늘 소화가 잘 안 돼서 너무 느끼한 거 먹을 수가 없어.

_____

❸ 난 아무거나 먹어도 다 좋아.

_____

❹ 난 치즈케이크, 티라미수를 먹고 싶어.

_____

❺ 우리 딸기 요구르트 케이크로 하자.

확인학습 정답 : ③

_____

指定座位 자리 잡기

🎧 Track 44

 대화

 文凯，呼叫器在我这儿，你去找个位子吧！
Wénkǎi, hūjiàoqì zài wǒ zhèr, nǐ qù zhǎo ge wèizi ba!

 我去看看还有没有靠窗的位子。
Wǒ qù kànkan hái yǒu méi yǒu kàochuāng de wèizi.

 不靠窗也没关系，找个旁边有插座的位子。
Bú kào chuāng yě méi guānxi, zhǎo ge pángbiān yǒu chāzuò de wèizi.

 旁边有插座的位子都被占了，咱们去二楼吧。
Pángbiān yǒu chāzuò de wèizi dōu bèi zhàn le, zánmen qù èr lóu ba.

 二楼的无线信号太弱了，咱们还是在一楼吧。
Èr lóu de wúxiàn xìnhào tài ruò le, zánmen háishì zài yī lóu ba.

단어

指定	zhǐdìng	동	지정하다
座位	zuòwèi	명	자리. 좌석
呼叫器	hūjiàoqì	명	벨. 호출기
靠窗	kàochuāng		창문쪽. 창가
插座	chāzuò	명	콘센트
占	zhàn	동	차지하다
信号	xìnhào	명	신호

> 여 : 원카이, 진동벨 나한테 있어. 네가 가서 자리 좀 잡아!
> 남 : 창가 자리가 있는지 내가 한 번 볼게.
> 여 : 창가 옆이 아니어도 괜찮아, 옆에 콘센트가 있는 자리로 잡아줘.
> 남 : 옆에 콘센트 있는 자리는 다 찼어, 우리 2층으로 올라가자.
> 여 : 2층은 와이파이 신호가 너무 약해, 우리 그냥 1층에 있자.

확인 학습

他们最后决定坐在哪里?

❶ 靠窗的位置

❷ 有插座的位置

❸ 坐在一楼

핵심표현 익히기   중국어로 써 보세요.

❶ 진동벨 나한테 있어.

_____

❷ 창가 자리가 있는지 내가 한 번 볼게.

_____

❸ 창가 옆이 아니어도 괜찮아.

_____

❹ 옆에 콘센트 있는 자리는 다 찼어.

_____

❺ 2층은 와이파이 신호가 너무 약해.

_____

확인학습 정답 : ③

PART 12

美容美发中心 <small>미용실</small>

去理发店 미용실 가기

🎧 Track 45

 대화

 我的头发长长了，该剪剪了。
Wǒ de tóufa chángcháng le, gāi jiǎnjian le.

 我也想染一下头发，咱们一起去吧！
Wǒ yě xiǎng rǎn yí xià tóufa, zánmen yìqǐ qù ba!

 你常去哪家理发店？
Nǐ cháng qù nǎ jiā lǐfàdiàn?

 我看心情，没有固定去的店。
Wǒ kàn xīnqíng, méi yǒu gùdìng qù de diàn.

 那这次我给你推荐吧！
Nà zhè cì wǒ gěi nǐ tuījiàn ba!

✂ 단어

去	qù	동 가다
剪	jiǎn	동 (가위 등으로)자르다. 깎다
染	rǎn	동 염색하다
理发店	lǐfàdiàn	명 미용실. 이발소
固定	gùdìng	동 고정되다. 불변하다
推荐	tuījiàn	동 추천하다. 소개하다

남 : 머리카락이 많이 길었네. 좀 잘라야겠어.

여 : 나도 염색하고 싶었는데. 우리 같이 가자!

남 : 너는 어느 미용실에 자주 가니?

여 : 나는 기분에 따라가는 편이라서 고정적으로 가는 미용실은 없어.

남 : 그럼 이번에 내가 추천해 줄게!

文凯想做什么?

1. 染头发

2. 剪头发

3. 洗头发

핵심표현 익히기 중국어로 써 보세요.

1. 머리카락이 많이 길었네.

_____

2. 나도 염색하고 싶었어.

_____

3. 너는 어느 미용실에 자주 가니?

_____

4. 고정적으로 가는 미용실은 없어.

_____

5. 이번에 내가 추천해줄게!

확인학습 정답 : ②

_____

男士美发 남성 커트

🎧 Track 46

🚩 **대화**

欢迎光临!
Huānyíng guānglín!

我头发太长了, 想剪短一点儿。
Wǒ tóufa tài cháng le, xiǎng jiǎn duǎn yìdiǎnr.

对发型有什么要求吗?
Duì fàxíng yǒu shénme yāoqiú ma?

没什么特别的要求, 鬓角这儿修一下, 后面
Méi shénme tèbié de yāoqiú, bìnjiǎo zhèr xiū yí xià, hòumiàn

稍微剪一下就行了。
shāowēi jiǎn yí xià jiù xíng le.

好的, 请稍等!
Hǎo de, qǐng shāo děng!

📎 **단어**

男士	nánshì	명	성년 남자
美发	měifà	동	커트, 헤어스타일을 멋지게 하다
欢迎光临	huānyíngguānglín		어서 오세요
发型	fàxíng	명	헤어스타일
鬓角	bìnjiǎo	명	귀밑머리
稍微	shāowēi	부	조금. 약간. 다소
稍等	shāo děng		잠깐 기다리다

여 : 어서 오세요!

남 : 머리카락이 너무 길어서요. 좀 짧게 자르고 싶어요.

여 : 어떤 헤어스타일을 원하세요?

남 : 특별히 원하는 스타일은 없어요, 귀밑머리를 좀 다듬어주시고, 뒷머리만 좀 잘라주시면 됩니다.

여 : 알겠습니다. 잠시만 기다려 주세요!

확인 학습

文凯想把哪里修一下?

❶ 头顶

❷ 刘海

❸ 鬓角

핵심표현 익히기 중국어로 써 보세요.

❶ 머리카락이 너무 길어서요.

_____

❷ 좀 짧게 자르고 싶어요.

_____

❸ 어떤 헤어스타일을 원하세요?

_____

❹ 귀밑머리를 좀 다듬어 주세요.

_____

❺ 뒷머리만 좀 잘라주시면 됩니다.

확인학습 정답 : ③

_____

女士美发 여성 미용

 대화

 你好，我想做个离子烫。
Nǐ hǎo, wǒ xiǎng zuò ge lízǐ tàng.

 只做离子烫吗？
Zhǐ zuò lízǐtàng ma?

 我还想再染一下头发，不过不知道什么颜色适合我。
Wǒ hái xiǎng zài rǎn yí xià tóufa, búguò bù zhīdao shénme yánsè shìhé wǒ.

 请问，您有指定的发型师吗？
Qǐng wèn, nín yǒu zhǐdìng de fàxíngshī ma?

 没有。请帮我推荐一个经验丰富的发型师。
Méi yǒu. Qǐng bāng wǒ tuījiàn yí ge jīngyàn fēngfù de fàxíngshī.

🔖 단어

女士	nǚshì	명 숙녀. 여사
离子烫	lízǐtàng	명 매직
适合	shìhé	동 어울리다. 적절하다
指定	zhǐdìng	동 지정하다. 확정하다
发型师	fàxíngshī	명 미용사. 헤어디자이너
经验	jīngyàn	명 경험

여 : 안녕하세요. 저는 매직펌을 하고 싶어요.

남 : 매직펌만 하실 겁니까?

여 : 염색도 하고 싶기는 한데, 어떤 색이 저에게 어울리는지 잘 모르겠어요.

남 : 담당 헤어디자이너가 있으신가요?

여 : 없습니다. 경험이 많은 헤어디자이너로 추천해 주세요.

확인 학습

真烨有指定的发型师吗？

❶ 有

❷ 没有

❸ 不知道

핵심표현 익히기 중국어로 써 보세요.

❶ 저는 매직펌을 하고 싶어요.

_____

❷ 매직펌만 하실 겁니까?

_____

❸ 어떤 색이 저에게 잘 어울리는지 모르겠어요.

_____

❹ 담당 헤어디자이너가 있으신가요?

_____

❺ 경험이 많은 헤어디자이너로 추천해 주세요.

_____

PART 12-4 讨论发质 머릿결 상담

🎧 Track 48

 대화

 刚才帮您洗头的时候，发现您头发有点儿干枯。
Gāngcái bāng nín xǐ tóu de shíhòu, fāxiàn nín tóufa yǒu diǎnr gānkū.

 是吗？那怎么办呀？
Shì ma? Nà zěnme bàn ya?

 我们店有一款修护发质的产品，效果很好。
Wǒmen diàn yǒu yì kuǎn xiūhù fàzhì de chǎnpǐn, xiàoguǒ hěn hǎo.

 要用多久才能改善发质？
Yào yòng duō jiǔ cái néng gǎishàn fàzhì?

因人而异，坚持使用的话，一定会有效果的。
Yīnrén' éryì, jiānchí shǐyòng de huà, yídìng huì yǒu xiàoguǒ de.

 단어

讨论	tǎolùn	동 토론하다
发质	fàzhì	명 머릿결
干枯	gānkū	형 (피부나 모발이)건조하다
效果	xiàoguǒ	명 효과
修护	xiūhù	동 케어하다. 트리트먼트하다
改善	gǎishàn	개선하다
因人而异	yīnrén'éryì	사람에 따라 다르다

> 남 : 방금 머리를 감겨드릴 때, 고객님의 모발이 좀 건조하다고 느꼈습니다.
>
> 여 : 그래요? 그럼 어떻게 해야 할까요?
>
> 남 : 저희 가게에 모발 케어용 상품이 하나 있는데, 효과가 정말 좋습니다.
>
> 여 : 얼마나 사용해야 머릿결이 좋아질 수 있나요?
>
> 남 : 사람마다 다르지만, 계속 사용하시면 꼭 효과가 있을 겁니다.

확인 학습

发型师推荐的修护产品用多久就会有效果？

❶ 半个月

❷ 一年

❸ 因人而异

핵심표현 익히기　중국어로 써 보세요.

❶ 고객님의 모발이 좀 건조하다고 느꼈습니다.

_____

❷ 어떻게 해야 할까요?

_____

❸ 저희 가게에 모발 케어용 상품이 하나 있습니다.

_____

❹ 얼마나 사용해야 머릿결이 좋아질 수 있나요?

_____

❺ 사람마다 다르지만, 계속 사용하시면 꼭 효과가 있을 겁니다.

확인학습 정답 : ③

_____

PART 13

手机营业厅 핸드폰 대리점

1. 买手机卡 U심 구입
2. 手机充值 핸드폰 요금충전
3. 安装手机卡 U심 장착
4. 加入会员 회원 가입

买手机卡 U심 구입

대화

真煐，你手机怎么一直关机？
Zhēnyīng, nǐ shǒujī zěnme yìzhí guānjī?

我想换个手机卡，现在这个号码太难记了。
Wǒ xiǎng huàn ge shǒujīkǎ, xiànzài zhè ge hàomǎ tài nánjì le.

现在买手机卡都需要实名认证。
Xiànzài mǎi shǒujīkǎ dōu xūyào shímíng rènzhèng.

我知道，我打算一会儿去移动手机营业厅重新
Wǒ zhīdao, wǒ dǎsuan yíhuìr qù Yídòng shǒujī yíngyè tīng chóngxīn
申请一个号码。
shēnqǐng yí ge hàomǎ.

好的，那我一会儿陪你一起去吧！
Hǎo de, nà wǒ yíhuìr péi nǐ yìqǐ qù ba!

단어

买	mǎi	동 사다. 구매하다
关机	guānjī	동 (컴퓨터. 핸드폰 등의)전원을 끄다
手机卡	shǒujīkǎ	명 모바일 카드. 유심칩
实名	shímíng	명 실명
重新	chóngxīn	부 새로. 다시
申请	shēnqǐng	동 신청하다

남 : 진영아, 너 핸드폰이 왜 계속 꺼져 있어?
여 : 나 유심칩을 바꾸고 싶어, 지금 이 번호가 너무 외우기힘들어.
남 : 요즘 유심칩을 사려면 모두 실명인증이 필요해.
여 : 응 알아, 이따가 차이나모바일 대리점에 가서 번호 하나를
다시 신청하려고 해.
남 : 그래, 그럼 이따가 같이 가 줄게.

확인 학습

真焕想换什么?

❶ 换手机

❷ 换手机卡

❸ 换手机营业厅

핵심표현 익히기 중국어로 써 보세요.

❶ 네 핸드폰이 왜 계속 꺼져 있어?

_____

❷ 나 유심칩을 바꾸고 싶어.

_____

❸ 요즘 유심칩을 사려면 모두 실명인증이 필요해.

_____

❹ 차이나모바일 대리점에 가서 번호 하나를 다시 신청하려고 해.

_____

❺ 이따가 같이 가 줄게.

확인학습 정답 : ②

_____

129

대화

你好，我想充值！
Nǐ hǎo, wǒ xiǎng chōngzhí!

好的，请问你要充多少？
Hǎo de, qǐng wèn nǐ yào chōng duōshao?

我先充100吧。
Wǒ xiān chōng yì bǎi ba.

好的。这是一张100元的充值卡。
Hǎo de. Zhè shì yì zhāng yì bǎi yuán de chōngzhíkǎ.
其实您可以下载联通的充值软件，直接在网上充值。
Qíshí nín kěyǐ xiàzǎi Liántōng de chōngzhí ruǎnjiàn, zhíjiē zài wǎngshàng chōngzhí.

好的，我马上下载一个!
Hǎo de, wǒ mǎshàng xiàzǎi yí ge!

단어

手机	shǒujī	명	휴대폰
充值	chōngzhí	동	충전하다
下载	xiàzǎi	동	다운로드하다
软件	ruǎnjiàn	명	어플
直接	zhíjiē	형	직접적인
网上	wǎngshàng	명	온라인. 인터넷

여 : 안녕하세요. 충전하고 싶어서요.

남 : 네, 얼마나 충전하시겠어요?

여 : 먼저 100위안 충전해 주세요.

남 : 네, 이것은 100위안짜리 충전카드입니다. 사실 차이나모바일 앱
     (APP)을 다운로드 받고, 온라인에서 바로 충전할 수 있습니다.

여 : 네, 제가 바로 다운로드 할게요!

확인 학습

工作人员建议真焕在哪儿充值？

❶ 在营业厅

❷ 在银行

❸ 在软件上

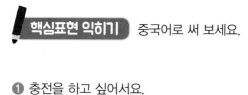 중국어로 써 보세요.

❶ 충전을 하고 싶어서요.

_____

❷ 얼마나 충전하시겠어요?

_____

❸ 먼저 100위안 충전해주세요.

_____

❹ 온라인에서 바로 충전할 수 있습니다.

_____

❺ 제가 바로 다운로드 할게요!

확인학습 정답 : ③

_____

대화

文凯，我新买了一部手机，但是找不到插卡的地方。
Wénkǎi, wǒ xīn mǎi le yí bù shǒujī, dànshì zhǎo bu dào chā kǎ de dìfang.

我看看，是苹果的手机啊。放手机卡的位置应该在两侧。
Wǒ kànkan, shì píngguǒ de shǒujī a. Fàng shǒujī kǎ de wèizhi yīnggāi zài liǎngcè.

怎么才能把手机卡放进去呢？你帮我安装一下吧。
Zěnme cái néng bǎ shǒujīkǎ fàngjìnqù ne? Nǐ bāng wǒ ǎnzhuāng yí xià ba.

没问题，这个就交给我来解决吧。
Méi wèn tí, zhè ge jiù jiāogěi wǒ lái jiějué ba.

你真给力！太感谢你了！
Nǐ zhēn gěilì! Tài gǎnxiè nǐ le!

단어

手机卡	shǒujīkǎ	명	U심카드
部	bù	양	대 (전화기를 세는 단위)
两侧	liǎngcè	명	양쪽. 양측
安装	ǎnzhuāng	동	(기계, 기자재 등을)설치하다
解决	jiějué	동	해결하다. 풀다
给力	gěilì		최고다. 강하다

여 : 원카이, 나 새 핸드폰을 샀는데, 유심칩 넣는 곳을 못 찾겠어.

남 : 내가 한 번 볼게, 애플폰이네. 유심칩 넣는 위치는 핸드폰 양쪽에 있을 거야.

여 : 유심칩을 어떻게 넣을 수 있는 거지? 내 대신 설치 좀 해 줘.

남 : 걱정 마, 이거는 나한테 해결을 맡겨 봐.

여 : 너 정말 짱이다! 진짜 고마워!

확인 학습

放手机卡的位置在哪儿？

❶ 手机后面

❷ 手机侧面

❸ 手机正面

핵심표현 익히기 중국어로 써 보세요.

❶ 유심칩 넣는 곳을 못 찾겠어.

_____

❷ 유심칩 넣는 위치는 핸드폰 양쪽에 있을 거야.

_____

❸ 내 대신 설치 좀 해줘.

_____

❹ 나한테 해결을 맡겨 봐.

_____

❺ 너 정말 짱이다!

확인학습 정답 : ②

_____

133

加入会员 회원 가입

🎧 Track 52

대화

真煐，最近淘宝软件在搞特价，你也去挑挑吧。
Zhēnyīng, zuìjìn Táobǎo ruǎnjiàn zài gǎo tèjià,　　nǐ　yě　qù　tiāotiao ba.

是吗？不过我还不是会员，看了也买不了。
Shì ma?　Búguò wǒ hái bú shì huìyuán,　　kàn le yě mǎi bu liǎo.

申请一下就行了，5分钟就能搞定，我帮你。
Shēnqǐng yí xià jiù xíng le,　wǔ fēnzhōng jiù néng gǎodìng, wǒ bāng nǐ.

真的吗？我听说还要确认身份什么的，特别麻烦。
Zhēn de ma? Wǒ tīngshuō háiyào quèrèn shēnfēn shénme de, tèbié máfan.

没有想象的那么麻烦，我现在马上帮你加入会员。
Méi yǒu xiǎngxiàng de nàme máfan, wǒ xiànzài mǎshàng bāng nǐ jiārù huìyuán.

단어

加入	jiārù	동 가입하다
特价	tèjià	명 특가. 특별 할인 가격
会员	huìyuán	명 회원
搞定	gǎodìng	동 처리하다. 해결하다
身份	shēnfēn	명 신분. 지위
想象	xiǎngxiàng	동 상상하다

남 : 진영아 요즘 타오바오에서 특가 행사를 진행하고 있어, 너
　　도 들어가서 골라봐.
여 : 그래? 그런데 난 회원이 아니라서 봐도 살 수가 없어.
남 : 신청만 하면 바로야. 5분이면 해결돼. 내가 도와줄게.
여 : 정말이야? 내가 듣기로는 신분 확인도 해야 한다고 하던데.
　　너무 번거로워.
남 : 생각보다 그렇게 번거롭지 않아, 내가 지금 바로 회원가입
　　을 할 수 있도록 도와줄게.

확인 학습

真焕是淘宝的会员吗？

❶ 是

❷ 不是

❸ 不知道

핵심표현 익히기 중국어로 써 보세요.

❶ 진영아 요즘 타오바오에서 특가 행사를 진행하고 있어.

_____

❷ 근데 나 회원이 아니라서 봐도 살 수가 없어.

_____

❸ 신청만 하면 바로야, 5분이면 해결돼.

_____

❹ 내가 듣기로는 신분확인도 해야 한다고 하던데.

_____

❺ 생각보다 번거롭지 않아.

확인학습 정답 : ②

_____

원종민

한국외국어대학교 중국어과 학사
한국외국어대학교 대학원 중어중문과 석사
국립대만사범대학 국문연구소 박사
사이버한국외국어대학교 중국어학부 교수
저서 : 『기초를 다져주는 핵심중국어 문법』, 『초급중국어강독』,
『호텔리어중국어』(공저), 『생활중국어』(공저)외 다수

자오룬신(赵润馨)

한국외국어대학교 한국어과 학사
한국외국어대학교 대학원 국어국문과 석사
한국외국어대학교 국제지역대학원 박사
사이버한국외국어대학교 교수 역임
중국 곡부사범대학교 국제교류학원 교수
저서 : 『생활중국어』(공저)

日常生活汉语会话

일상생활
중국어 회화

초판1쇄 / 2020년 7월 20일

저자 / 원종민, 자오룬신

발행인 / 이기선

발행처 / 제이플러스

주소 / 121-824 서울시 마포구 월드컵로 31길 62

영업부 / 02-332-8320 **편집부 /** 02-3142-2520

홈페이지 / www.jplus114.com

등록번호 / 제 10-1680호

등록일자 / 1998년 12월 9일

ISBN / 979-11-5601-135-4(13720)

＊ 파본은 구입하신 서점이나 본사에서 바꾸어 드립니다.

＊ 책에 대한 의견, 출판 희망 도서가 있으시면 홈페이지에 글을 남겨 주세요.